凤凰剑

刘双云 编著

北京体育大学出版社

策划编辑： 李志诚　　仝杨杨
责任编辑： 曹晓燕
责任校对： 仝杨杨
版式设计： 华泰联合

图书在版编目（CIP）数据

凤凰剑 / 刘双云编著 . -- 北京 : 北京体育大学出版社 , 2024.7
ISBN 978-7-5644-3992-7

Ⅰ . ①凤… Ⅱ . ①刘… Ⅲ . ①剑术（武术）- 基本知识 - 中国 Ⅳ . ① G852.24

中国国家版本馆 CIP 数据核字 (2024) 第 001962 号

凤凰剑
FENGHUANGJIAN
刘双云　编著

出版发行：北京体育大学出版社
地　　址：北京市海淀区农大南路 1 号院 2 号楼 2 层办公 B-212
邮　　编：100084
网　　址：http：//cbs.bsu.edu.cn
发 行 部：010-62989320
邮 购 部：北京体育大学出版社读者服务部 010-62989432
印　　刷：三河市龙大印装有限公司
开　　本：710mm × 1000mm　　1/16
成品尺寸：170mm × 240mm
印　　张：9.5
字　　数：155 千字
版　　次：2024 年 7 月第 1 版
印　　次：2024 年 7 月第 1 次印刷
定　　价：58.00 元

师祖　杜老须

先师　杜金洞

杜金洞指导弟子
刘双云练凤凰剑

刘双云、陈锦平
表演凤凰剑

刘双云教授
凤凰剑

杜金洞先生与弟子及学员合影

凤凰剑改编组成员

杜金洞凤凰剑培训班合影

贺刘双云老师凤凰剑新作

剑如凤舞

身似龙行

癸卯春月 李德印贺

李德印：我国著名武术家，中国武术九段，中国人民大学教授。

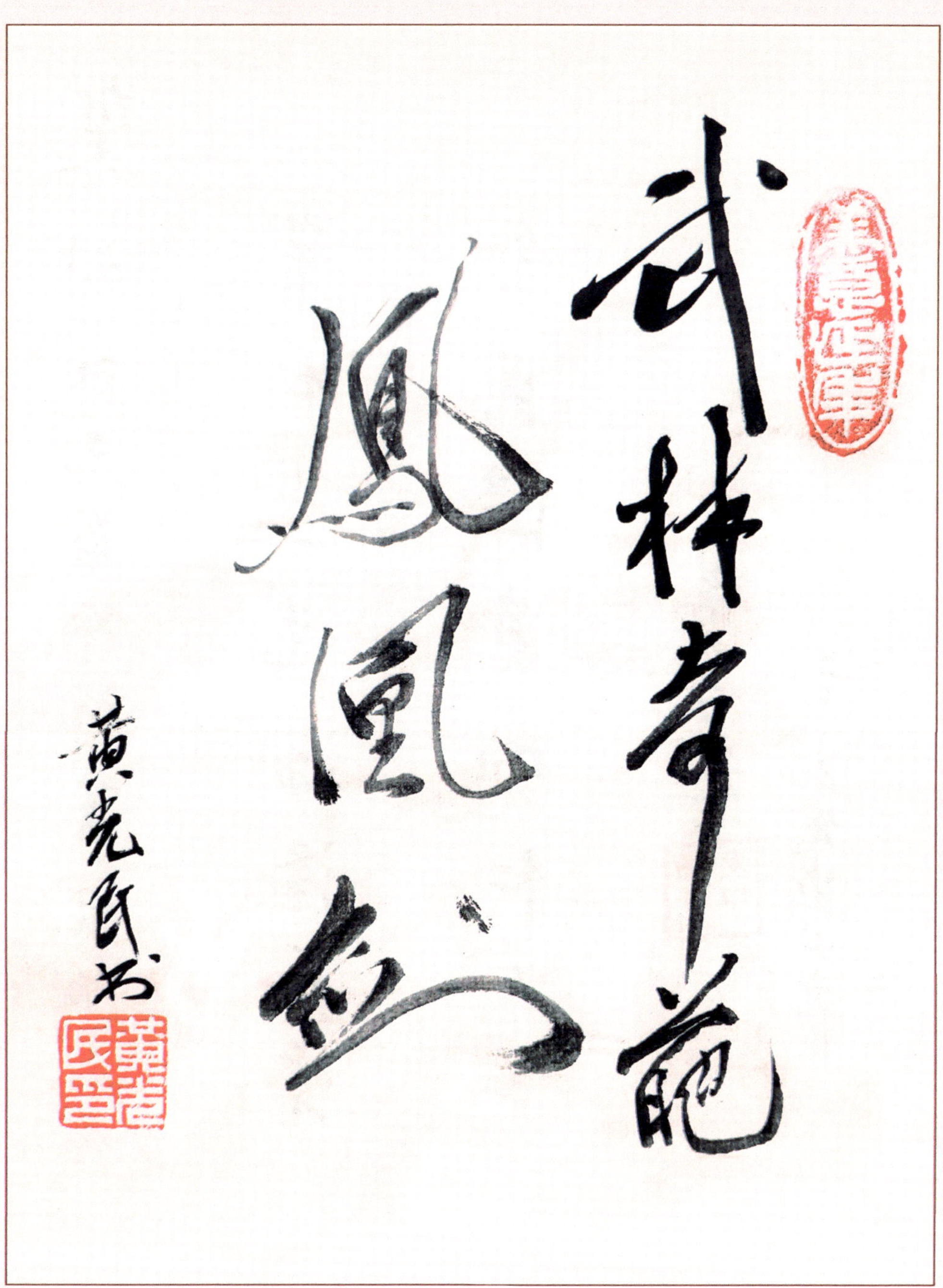

黄光民：国家体育总局运动医学研究所教授。

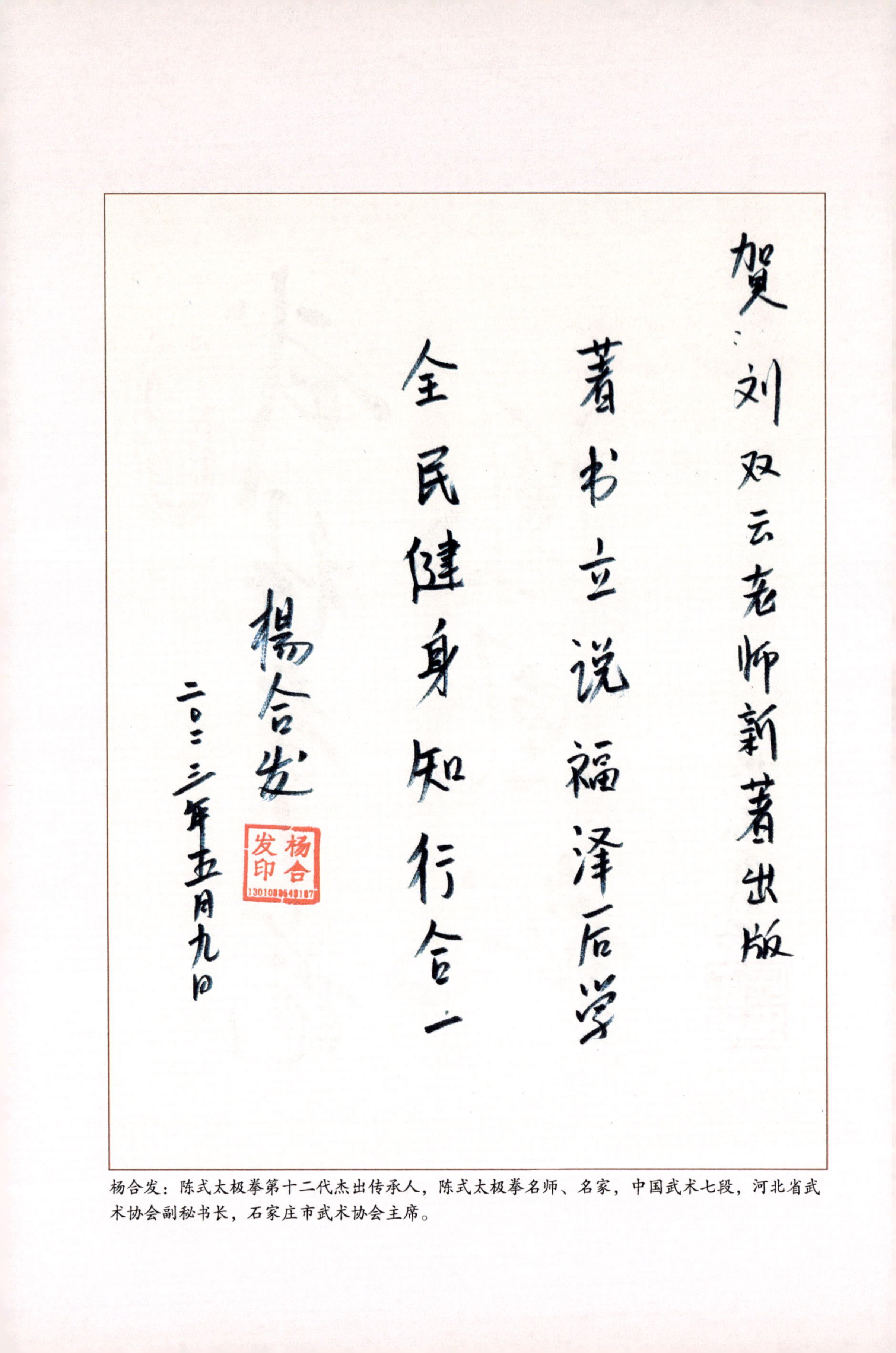

贺刘双云老师新著出版

著书立说福泽后学

全民健身知行合一

杨合发

二〇二三年五月九日

杨合发印

杨合发：陈式太极拳第十二代杰出传承人，陈式太极拳名师、名家，中国武术七段，河北省武术协会副秘书长，石家庄市武术协会主席。

張益民

2022年5月16日

张益民：我国著名武术家，中国武术八段，石家庄市武术协会终身荣誉主席。

非物质文化遗产

凤凰剑

石家庄市桥西区人民政府公布
桥西区文化广电体育和旅游局颁发
2020年6月

序

凤凰剑是由武术世家出身的杜金洞先生（已故）传承和发展的。杜金洞老师倾注了数十年的心血，不断研修、改进、完善凤凰剑。杜金洞老师自小有戏剧武功基础，精于武式太极拳和多种器械套路，他所传承的凤凰剑在传统剑术攻防的基础上增加了中国戏曲舞台动作艺术之美感，极具鉴赏性和健身性。他在许多招式上一式多种练法的灵活编排和教学，使凤凰剑难易适度，适用面广，不同年龄、不同基本功水平的习练者均可有选择地习练。杜金洞老师的凤凰剑习练起来，舒展时如风卷云霞、绵延起伏，紧凑时小巧玲珑、裹身运剑，让人有水泼不进的感受，韵味独特。20 世纪 70 年代始，他曾在石家庄市体育场及各公园向众多爱好者传授、普及凤凰剑套路，为大众健身发挥了重要作用。

本书作者刘双云是杜金洞老师的优秀弟子，是石家庄市级非物质文化遗产凤凰剑代表性传承人，是石家庄市武术协会专家委员、石家庄市桥西区太极拳协会会长。

1998 年河北电视台（现河北广播电视台）为挖掘、整理具有河北地方特色的武术品种，由杜金洞、李福科、刘双云、范书芳四人组成改编组对凤凰剑进行了研究、探讨和改编，对凤凰剑的名称、剑谱、动作推敲修订，由刘双云执笔改编文稿、撰写播出稿件并担任教学视频演示者。河北电视台拍摄了 24 集《凤凰剑》教学片，2000 年，河北电视台和中央电视台（现中央广播电视总台）播放了该教学片，该片获得了中国广播电视学会科教节目二等奖。2003 年 1 月，北京中体音像出版中心出版的《凤凰剑》教学光盘，由刘双云担任主讲老师及演示者。2009 年，凤凰剑改编组（由刘双云执笔）在《中华武术》第 12 期发表文章《武林奇葩凤凰剑——凤凰剑的整理改编、普及推广及特点》。2022 年，刘双云在《中华武术》第 4 期发表文章《武林非遗凤凰剑》。2020 年，凤凰剑被石家庄市人民政府批准为石家庄市级非物质文化遗产，刘双云为代表性传承人。凤凰剑得到政府的保护和扶持，为凤凰剑的传承和发展奠定了重要基础。

刘双云生性聪慧，酷爱中国传统武术，肢体动作协调性极好，善于学习，勤于思考。习练时她力求将每一个动作处理到最好，逐渐形成了自己的剑术风格。1998 年，在河北电视台拍摄《凤凰剑》教学片时，杜金洞老师选择她作为演示者。在杜金洞老师的指导下，她在凤凰剑 82 式中巧妙融入了有一定难度的优美造型和平衡技巧，为凤凰剑注入了新的活力，也为年轻、基本功好的习练者充分展示自己的技艺提供了技术支持。30 余年来，刘双云把对凤凰剑的喜爱和热情倾注于对其的传承和普及推广上。她辛勤耕耘，用心做事，精益求精，从书面文字工作到具体动作的习练她都一丝不苟。她有思路，有谋划，有作为，教授了许多优秀的学生，为传承凤凰剑谱系广纳人才，为大众健身事业做出了贡献。刘双云著书出版《凤凰剑》，填补了凤凰剑没有正式版本教材的空白，为凤凰剑的传承和发展，为保护这一优秀剑术套路免于流失起到了非常重要的作用，为广大习练者提供了规范的图文资料，也为中华武术文化宝库增添了一套优秀的剑术。本书值得收藏。

人们常说学太极是缘分，我学凤凰剑也是机缘巧合。1991 年有人推荐说有位河北第一剑手正在教授一套高级剑法，我便和好友刘双云相约一起习练凤凰剑，从此，走近了杜金洞老师。在学剑的过程中我们俩得到了杜金洞老师的格外关注和严格要求，进步很快。两年后在一次公园太极联谊会上，我们俩表演了双人凤凰剑，意外地受到众多拳友的称赞，这激发了大家学习凤凰剑的热情。在以后的教学中，我们俩有幸成为杜金洞老师的助教，被拳友们誉为杜金洞老师的两只凤凰，人称“双凤”。1994 年，我们正式成为杜金洞老师的凤凰剑弟子。我于 1997 年调入北京，曾多次参加海淀区、北京市、全国中老年太极比赛，凤凰剑成绩均名列前茅。最让我感动的是多年后接到范书芳老师的电话，说杜金洞老师临终前留给我一套他的拳、剑光盘，谨借此机会感念师恩。

凤凰剑第二代传承人陈锦平

2024 年 1 月

编者的话

凤凰剑是由武术世家出身的杜金洞先生传承和发展的。杜金洞老师在世时，曾应河北电视台之约，作为电视教学片《凤凰剑》的主要改编者，负责 24 集《凤凰剑》教学片的技术指导；在北京中体音像出版中心出版的《凤凰剑》教学光盘由他进行技术把关。中央电视台、河北电视台等电视台《凤凰剑》教学片的播出，以及教学光盘的出版发行，受到了广大太极拳爱好者的欢迎，跟随其习练者众多。为了更好地规范和推广凤凰剑，应广大弟子及凤凰剑爱好者的学习要求，编著出版《凤凰剑》一书，这也是老师生前的愿望。

为了便于大家学习，本书图文并茂，对每个动作都做了详尽的解析及要点说明。本书配有编者演练全套凤凰剑的视频二维码。读者看文字的同时结合视频，学习更为方便直观。

在本书编著的过程中，李德印先生、黄光民先生、杨合发先生和张益民先生分别为本书题词；张益民先生长期以来关心和支持凤凰剑的传承和发展，并同意将他的“凤凰剑点评”收录到书中；凤凰剑第二代传承人陈锦平女士为本书作序；第三代传承人刘秀磊女士倾注了大量时间和精力全程参与了本书的文字校订、图片拍摄等工作；范书芳、邢兆光、寇衡芳、高栋才、梁庆生等好友也给予了大力帮助！在此一并表示感谢！

由于编者水平有限，书中难免有不当之处，敬希方家指正。

凤凰剑代表性传承人、第二代传承人刘双云

2024 年 2 月

凤凰剑点评

凤凰剑是由杜金洞先生带到石家庄的，并精心编纂的一个器械套路。杜金洞先生是练武式太极拳的，但本套路不属于武氏门派。凤凰剑内容丰富、结构严谨，演练起来深受观众喜爱。下面从三个方面分析凤凰剑的演练效果。

定：杜金洞先生能做出难度较大、优美大气的各种动作造型。例如，他在演练时做出的提膝平衡、仰身平衡、探海平衡、扣腿平衡等动作，干净、利落、稳定，观众掌声不断。他参加比赛时，常以非常完美的动作征服裁判，总拿高分。

行：杜金洞先生演练的凤凰剑潇洒飘逸、辗转灵活。演练中，在人剑合一时，亮光剑，紫红黄穗，再配以彩色表演服饰，就形成了五彩斑斓的景象，如同开屏的凤凰在空中翩翩起舞，“凤凰剑”故而得名。

用：杜金洞先生用高超的演练技巧，使人械协调一致，把“定”“行”两者很好地结合起来，用得恰到好处。

凤凰剑给人留下很深的印象，内行爱它的内容丰富多彩、有深度，外行爱它的造型美观。我认为：应该把这个经典项目作为非物质文化遗产传承下来，这符合国家普及与提高相结合的体育方针。

杜金洞先生走了，建议由他的徒弟刘双云等人来传承。

張益民

2020年2月

注：此点评是在凤凰剑申遗时张益民先生向石家庄市有关部门写的推荐信，本书收录时，略有改动。

目录

CONTENTS

第一章 凤凰剑基本知识

一、凤凰剑简介

凤凰剑是以太极拳及其理论为基础的一套地方传统武术项目，其行功动作潇洒飘逸、辗转灵活。演练中，在人剑合一时，亮光剑配以紫红黄穗，表演者身着彩色表演服饰，形成五彩缤纷的景象，犹如开屏的凤凰翩翩起舞，故而得名。

凤凰剑是由武术世家出身的杜金洞先生传承和发展的。杜金洞先生以其毕生的精力，通过长期教学、潜心研究、反复推敲，汲取了其他剑术的部分精华，对凤凰剑原始套路和招式进行增删和改进，使之日臻完善。20 世纪 70 年代初期，凤凰剑定式，并被广泛传授。20 世纪 90 年代末，在河北电视台拍摄《凤凰剑》教学片前，由杜金洞、李福科、刘双云、范书芳组成改编组，对凤凰剑进行了再次改编。两次改编的套路均可练习。

凤凰剑有起势、收势及 82 个招式，20 多种基本剑法。步型方面，有一般剑术常用的步型，也有“三盘六坐”、独立步、仆步等难度较大的步型；身法方面，运用了仰身后刺、鹞子翻身、卧鱼式等难度较大的身法；剑法方面，运用了推剑、抹剑、崩剑、刺剑等多种剑法，变化多端，习练者运剑裹身而行，既能有效地进攻对方，又可较好地保护自己；剑指则充分发挥了助势助力、保持平衡的作用。凤凰剑既平和稳健，又起伏跌宕，不仅动作幅度大，而且平衡难度高，达到了“动美如凤舞，剑行似游龙”的境界，塑造出许多高雅的艺术造型。

对于凤凰剑套路中的高难度动作，习练者可根据自身条件可繁可简地演练，量力而为。长期习练凤凰剑，可使身体各关节灵活，肌腱、韧带柔韧、富有弹性，不伤身，不伤气，具有修身养性、强身健体之作用。

2000 年，《凤凰剑》教学片在中央电视台和河北电视台等电视台播出后，在全国产生了一定的影响，跟随其习练者众多。

凤凰剑的传承和发展反映了传统武术形成和发展的一般规律，体现了石家庄人民的聪明才智和创造力。凤凰剑 82 式名称各有深意，具有丰富的文化内涵，承载着名人掌故、成语故事等传统文化知识，充满诗情画意。凤凰剑于 2020 年先后被石家庄市桥西区人民政府和石家庄市人民政府批准为非物质文化遗产。

目前，石家庄市及桥西区已将其确定为重点扶持项目，制订了五年保护计划，从建档、研究到传承、传播都进行了认真谋划，以期健康、有序地传承和发展该项目。

人们在传承和发展凤凰剑的基础上，还整理创编了凤凰拳、凤凰龙行剑、凤凰刀、凤凰枪、凤凰扇等项目。

二、剑的结构及各部位名称

剑由剑身和剑把构成，剑身由剑尖、剑刃、剑脊和剑面构成，剑把由剑格、剑柄、剑首和剑穗构成（图 1–1）。

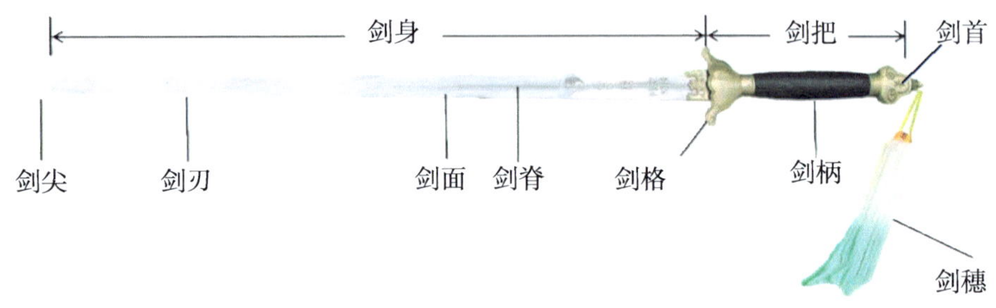

图 1–1

（1）剑尖：剑身最前端的尖锐部分。

（2）剑刃：剑身两侧锋利部分，也称“锷”。

（3）剑脊：剑身中间长轴隆起部分。

（4）剑面：剑脊两侧平面部分。

（5）剑格：剑身与剑柄之间作护手的部分，也称“护手”“剑盘”。

（6）剑柄：剑格后面持握部分。

（7）剑首：剑柄后部的突出部分，也称“剑镡”。

（8）剑穗：剑的附属物，常系在剑首，也称“剑袍”。

三、剑的基本握法和剑指

剑的正确握法是正确掌握剑法的基础和先决条件，许多剑法往往是在握法的操纵上做得更加准确和有力。随着剑术不断变招换式，剑的握法也要随之变换。

只有了解和掌握灵活多变的握法，才能更好地理解剑术的风格特点。

1. 剑的基本握法

（1）拳握：手握剑柄，四指并拢卷握住剑柄，拇指压于食指的第二指节上，虎口贴靠剑格。拳握多用于抹剑、托剑、架剑、推剑、崩剑等（图 1–2）。

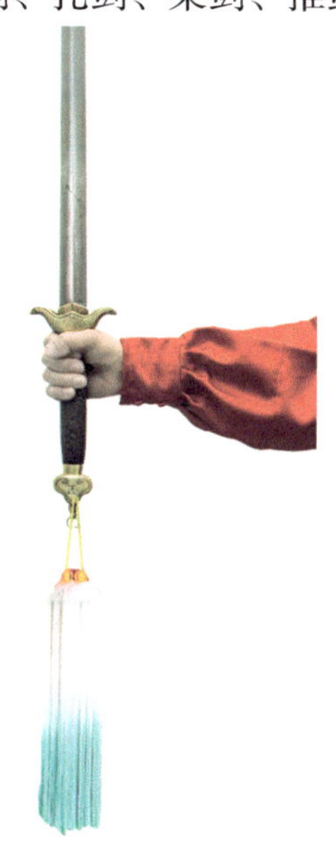

图 1–2

（2）直握：手握剑柄，小指、无名指、中指、食指依次微凸起呈螺形，拇指抵住剑格，食指第二指节贴靠剑格。直握多用于劈剑、刺剑、扫剑、斩剑等（图 1–3）。

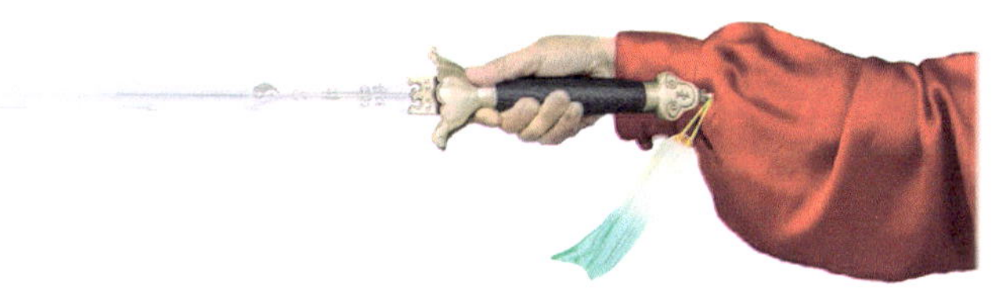

图 1–3

（3）钳握：以拇指、食指和虎口的挟持劲将剑柄钳住，其余三指自然松附于剑柄。钳握多用于抽剑、挑剑、挂剑、云剑等（图 1–4）。

（4）提握：虎口对准剑柄，腕关节屈提，拇指、食指下压，其余三指自然上勾扣贴于剑柄。提握多用于点剑、提剑等（图 1–5）。

图 1–4

图 1–5

（5）反握：手臂内旋，手心向外，拇指支于剑柄下方，向上用力。食指贴靠于剑格，其余三指向下勾压。反握多用于撩剑、反刺剑等（图 1–6）。

（6）垫握、压握：食指自然伸直，垫在剑格下面或压在剑格上面，用以助力或控制方向，拇指也伸直，其余三指屈握于剑柄。垫握、压握多用于绞剑、击剑、削剑。

① 握剑时手心朝上为垫握（或称仰握）（图 1–7）。

图 1–6

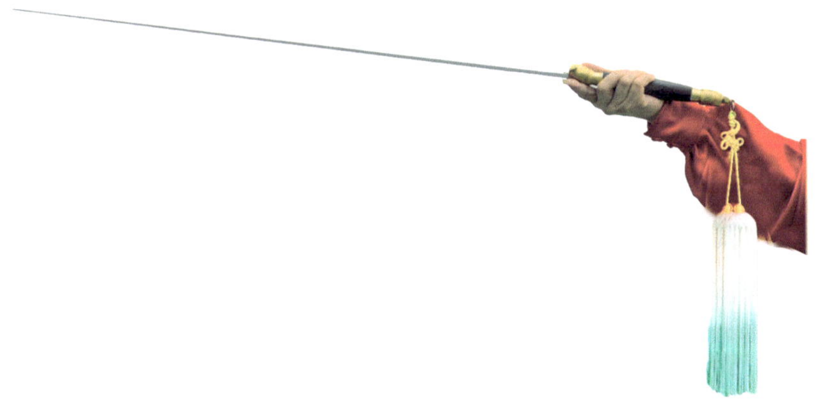

图 1–7

② 握剑时手心朝下为压握（或称俯握）（图 1–8）。

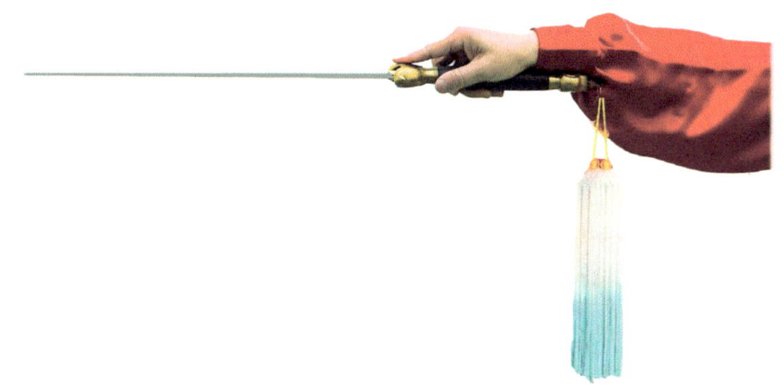

图 1–8

（7）反手握：剑身平贴于前臂后，食指贴于剑柄，指尖朝向剑首，其余四指扣握于剑格。反手握多用于剑术套路的起势和收势，在反手剑术的练习中也多用此种握法（图 1–9）。

图 1–9

2. 剑指

在剑术练习中，不持剑的手要捏成“剑指”，古称“剑诀”或“戟指”。

（1）剑指的形式：食指和中指伸直并拢，其余三指屈握于手心，拇指压在无名指与小指的第一指节上（图 1-10）。

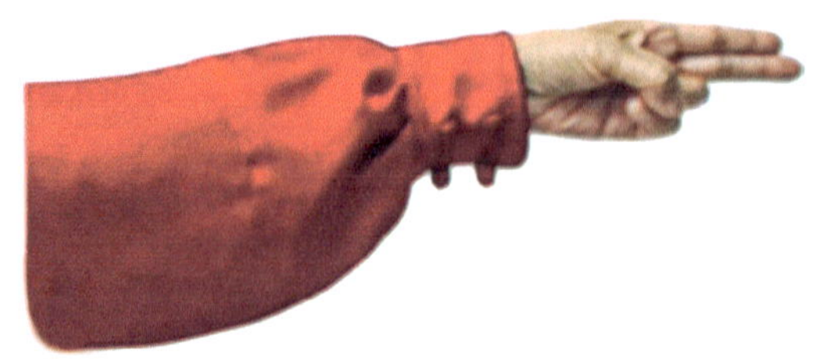

图 1-10

（2）剑指的作用：剑指与剑的运行协调配合，可助势助力，保持身体的平衡；剑指与持剑手的协调配合，可领引剑行进的方向，以增强剑势；剑指与身法的协调配合，可大大增强剑术的表现技巧。

四、基本剑法

古代剑术把击、刺、格、洗四类剑法称为母剑。击法，指用剑刃前端（又称剑锋），去点啄、敲击，如点剑、崩剑、击剑等剑法。刺法，指通过臂的屈伸，用剑尖进攻对方，如各种方式、方向的刺剑。格法，指用剑刃去劈、斩、扫、截等剑法进攻对方。洗法，指通过剑的滑动和挥摆，力点沿剑刃滑动，如带剑、抹剑、抽剑、撩剑、削剑等剑法。

凤凰剑的剑法十分丰富，其中基本剑法有 26 种，还有 9 种无特定攻防含义的剑法。按其在套路中出现的顺序，现将凤凰剑基本剑法介绍如下。

（1）推剑：剑身竖直或横平，由内向外推出，力在剑刃后部。

（2）抹剑：平剑由左向右或由右向左弧形切割，剑首领带，力点沿剑刃滑动。

（3）崩剑：立剑或平剑由下向上，沉腕用剑尖向上敲击，力在剑刃前端。

（4）刺剑：以剑尖直取对方，臂由屈而伸，力达剑尖。剑刃朝向左右为平刺剑，剑刃朝向上下为立刺剑。

（5）撩剑：立剑反握由下向上方撩出，力在剑刃前部。

（6）带剑：平剑由前向侧后方屈臂抽割，力点沿剑刃滑动。

（7）砍剑：用剑刃后部从上向前下方劈砍，剑尖上翘，力在剑刃后部。

（8）点剑：立剑提腕，用剑尖向下点击，臂自然伸直，力在剑刃前端。

（9）挽剑（腕花）：以腕关节为轴心，转腕使剑在臂的内侧或外侧成立圆绕环，力在剑刃中前部。

（10）扫剑：平剑向右（反扫）、向左（正扫）或者由后向前挥摆，力在剑刃。

（11）格剑：剑身竖直随身体左转或右转而动，或由下向上格挡，力在剑刃中下部。

（12）抡劈剑：由身体右侧下方向身体左侧下方或由身体左侧下方向身体右侧下方抡转劈剑，力在剑刃中前部。

（13）劈剑：立剑由上而下砍劈，力在剑刃，臂与剑成一条直线。

（14）截剑：立剑或平剑切断、阻截对方，力在剑刃中部。

（15）压剑：平剑由上向下按压，力在剑面中部。

（16）提剑：由下向上提拉剑柄，剑尖朝下，力点沿剑刃滑动。

（17）架剑：立剑由下向上托举，高过头顶，力在剑刃中后部。

（18）托剑：立剑由下向上托举，高过头顶，力在剑刃中后部。通常把手臂内旋上举称“架”，手臂外旋上举称“托”。

（19）挂剑：剑尖后勾，立剑由前向后下方或由下向上勾挂，格开对方进攻，力在剑刃前端，势如抄物。

（20）抽剑：立剑由前向后上方或向后下方抽回切割，力点沿剑刃滑动。

（21）穿剑： 平剑或立剑使剑尖顺沿着身体、臂或腿由内向外运行，力在剑尖。

（22）绞剑：平剑或立剑使剑尖沿顺时针或逆时针方向成立圆绕环，力在剑刃前部。

（23）斩剑：平剑向左或向右横向斩击，高度在头颈之间，力在剑刃中前部。

（24）击剑：平剑使剑尖向左或向右，抖腕横击，力在剑刃前端。

（25）挑剑：立剑由下向上挑起，力在剑刃前端。

（26）云剑：平剑在体前、体侧或头顶平圆绕环，用以拨开对方的进攻，力在剑刃或剑尖。

在凤凰剑的套路中，还有部分没有特定攻防含义的剑法，如下。

（1）背剑：剑斜贴于脊背，剑柄在右胯旁，剑尖在左肩旁。

（2）佩剑：为携带方便，剑入鞘，斜挂在左腰旁。

（3）抱剑：两手将剑捧抱于体前或者体侧，剑身竖直或者倾斜。

（4）捧剑：平剑，两手将剑捧抱于体前。

（5）分剑：持剑手与剑指左右外展，置于身体两侧。

（6）领剑：剑首领带，弧形牵动剑身抽带。

（7）翻剑：俯握剑外旋至手心向上。

（8）扣剑：仰握剑内旋至手心向下。

（9）绕剑：立剑，剑首领带，以肩为轴，挥臂领剑在体侧成立圆绕环。

五、基本步型

（1）并步：两脚并拢，脚尖向前，全脚掌着地。两腿自然直立或屈膝稍蹲。

（2）开立步（平行步）：两脚分开，两脚距离同肩宽，脚尖向前。两腿自然直立或屈膝稍蹲。

（3）马步：两脚左右开立，屈膝半蹲，两脚距离约为自己脚长的 3 倍。两膝与脚尖均正对前方。

（4）弓步：前腿屈膝前弓，全脚掌着地，脚尖向前，膝关节与脚尖上下相对；后腿自然伸直，脚尖斜向前方，全脚掌着地。两脚横向距离为 10~30 厘米。

（5）虚步：一腿屈膝半蹲，全脚掌着地，脚尖斜向前方约 45°；另一腿微屈，以前脚掌着地于体前。

（6）歇步：两腿前后交叉，屈膝半蹲。前脚脚尖外展，全脚掌着地；后脚脚尖向前，膝关节贴于前腿外侧，脚跟离地。臀部接近后脚脚跟或坐在后脚脚跟上。

（7）独立步：一腿自然直立，支撑站稳；另一腿在体前或体侧屈膝提起，大腿高于水平，小腿和脚尖自然下垂。

（8）坐盘步：两腿交叉叠拢下坐，臀部和后腿的大小腿外侧及脚面均着地，前腿的大腿靠近胸部。坐盘步分左、右两种坐盘；左腿在上称左坐盘，右腿在上称右坐盘。

（9）跪步：一腿在前屈膝全蹲，脚尖外展，膝关节与脚尖上下相对，全脚

掌着地；另一腿在后跪地，前脚掌着地或脚面着地。

（10）丁步：一腿屈膝半蹲，全脚掌着地；另一腿屈膝内收，以前脚掌点地于支撑脚内侧。

（11）仆步：一腿屈膝全蹲，脚尖稍外展，膝关节与脚尖上下相对；另一腿向体侧自然伸直，平铺接近地面，脚尖内扣。两脚全脚掌着地。

（12）侧弓步：一腿屈膝半蹲，另一腿向体侧自然伸直。两脚全脚掌着地，脚尖平行向前或稍向外展。

（13）叉步：两腿前后叉开，两脚距离同弓步，前腿屈膝前弓，脚尖外展，全脚掌着地；后腿自然伸直，脚尖向前，前脚掌着地。

（14）扣步：一腿屈膝半蹲支撑，全脚掌着地；另一腿提起，脚面扣于支撑腿膝窝处。

六、基本步法

（1）开步：一脚横向移动，与另一脚分开。

（2）上步：后脚向前上一步。

（3）退步：前脚向后退一步。

（4）进步：连续向前上步（两次及以上）。

（5）倒步：连续向后退步（两次及以上）。

（6）摆步：上步落地时脚尖外摆。

（7）扣步：上步落地时脚尖内扣。

（8）插步：一脚经支撑脚后向异侧落步。

（9）盖步：一脚经支撑脚前向异侧落步。

（10）跟步：后脚向前收拢半步。

（11）碾步：以脚跟为轴，脚尖外展或内扣；或以前脚掌为轴，脚跟外展或内扣。

（12）撤步：前脚或后脚后移半步。

（13）活步：一脚在原地，另一脚小范围移动调整。

（14）垫步：一脚经支撑脚内侧，向前（或后）垫一小步。

（15）滑步：移动脚沿地面滑行。

（16）跳步：一脚蹬地跃起，另一脚瞬间向前落地。

（17）并步：一脚向另一脚收拢并齐。

七、基本腿法

（1）蹬脚：支撑腿微屈站稳；另一腿屈膝提起，脚尖上勾，腿自然蹬直，高于水平，力在脚跟。

（2）分脚：支撑腿微屈站稳；另一腿屈膝提起，小腿上摆，腿自然伸直，脚面平展，高于腰部，力在脚尖。

（3）弹腿：支撑腿直立或微屈站稳；另一腿由屈到伸向前弹出，高于腰部，大小腿成一直线，脚面绷平，小腿弹出要快而有力，力在脚尖。

（4）蹬踹：支撑腿直立或微屈站稳；另一腿提起，由屈到伸，脚尖勾起，脚跟快速向前或向体侧弧形蹬踹，力在脚跟。高踹与腰平，低踹与膝平。

（5）扫腿：支撑腿微屈站稳；另一腿自然伸直，由后向前扫转一周或半周。

（6）后撩腿：支撑腿直立站稳，上体微前俯；另一腿自然伸直，向后上方撩出，力达脚跟。

（7）后伸腿：支撑腿直立站稳，上体前俯；另一腿向后伸出，脚面平展，力在脚尖。

（8）后举腿：支撑腿直立站稳；另一腿从身后向异侧方向屈膝后举，脚面平展，脚底向上；同时，向异侧方向拧腰微转体。

（9）前提膝平衡：支撑腿直立站稳，上体正直；另一腿在体前屈膝，膝高过腰，小腿斜提里扣，脚面绷平微内收。

（10）侧提膝平衡：支撑腿直立站稳，上体正直或微侧倾；另一腿在体侧屈膝高提过腰，髋关节外展，小腿斜垂内收，脚面绷平或脚尖勾起。

（11）扣腿平衡：支撑腿屈膝半蹲；另一腿屈膝，脚尖勾起并紧扣于支撑腿膝窝处。

（12）前举腿低势平衡：支撑腿屈膝全蹲；另一腿伸直平举于体前，脚尖勾起。

（13）探海平衡：支撑腿直立站稳；上体前俯略低于水平，挺胸抬头；后举腿伸直，高于水平，脚面绷平。

（14）仰身平衡：支撑腿直立或微屈站稳；上体后仰接近水平；另一腿伸直平举于体前，高于水平，脚面绷平。

（15）望月平衡：支撑腿直立或微屈站稳；上体侧倾拧腰，头部随之向后转；另一腿在身后向支撑腿的同侧方上举，小腿屈收，脚面绷平。

八、基本身型

（1）头：向上轻轻顶劲，下颌微内收，不可偏歪或摇摆。

（2）颈：自然竖直，肌肉不可紧张。

（3）肩：保持松沉，不可耸起，也不可后张或前扣。

（4）肘：自然沉坠，不可外翻或上扬。

（5）胸：舒松自然，不要外挺，也不要故意内缩。

（6）背：舒展拔伸，不可紧背或驼背。

（7）腰：自然松活，不可后弓或前挺。

（8）脊：自然正直，不可左歪右斜或前挺后弓。

（9）臀、胯：臀要内敛，不可向后突出或摇摆；胯要松正，不可左右歪扭。

（10）膝：伸屈灵活，柔韧自然。

凤凰剑的基本身型与太极拳一样，须保持舒松自然，中正沉稳；松而不软，沉而不僵；柔中寓刚，形神合一。

九、身法要求

端正自然，不偏不倚，舒展大方，辗转灵活，不可僵滞浮软，不可忽起忽落，动作要以腰为轴带动四肢，完整贯穿。

十、基本眼法

定式时，目视前方或看剑指或注视剑的方向；换式运转时，眼与手法、步法、身法协调配合；势动神随，神态自然，精神专注，思想集中。不要目光呆滞或目光游离，也不可总盯着手或低头俯视。

第二章　凤凰剑动作名称

第一段

起势
1. 顺水推舟
2. 仙人指路
3. 坐蓬摘莲
4. 凤尾扫尘
5. 引蛇出洞

第二段

6. 马后观花
7. 秋风扫叶
8. 眉中点赤
9. 提步摘星
10. 倒坐金莲
11. 樵子伐柴
12. 凤凰抖翅

第三段

13. 梨花滚腕
14. 退步跨虎
15. 张良献履
16. 恨福来迟
17. 海底擒鳌
18. 独占鳌头
19. 进刺蛟龙
20. 高祖斩蛇

第四段

21. 回身舒臂
22. 青龙探爪
23. 黄龙转身
24. 卧虎护门
25. 眉中点赤
26. 推窗望月

第五段

27. 凤舞连环
28. 壁龙点睛
29. 游龙闹海
30. 苏秦背剑

第六段

31. 攀枝打果　32. 反扫浮萍　33. 进提撩挑
34. 回身射雁　35. 白猿献果　36. 凤凰点头
37. 玉女穿梭

第七段

38. 仙童摘果　39. 湘子挎篮　40. 撩挑背提
41. 夜叉探海　42. 张良扯筝　43. 提膝点心
44. 力劈华山

第八段

45. 丹凤甩尾　46. 翻身扑蝶　47. 白蛇吐信
48. 丹凤朝阳　49. 叶底摘桃　50. 饿虎扑食

第九段

51. 金鸡独立　52. 大车抡剑　53. 坐步反扫
54. 仙人披衣　55. 侠公背剑　56. 野马奔槽

第十段

57. 侠公佩剑　58. 反扫金莲　59. 卧虎挡门
60. 跨虎蹬山　61. 猿猴舒臂　62. 青龙探爪
63. 金鸡独立

第十一段

64. 犀牛望月　65. 转身舒臂　66. 乌龙摆尾
67. 金童献宝　68. 倒打金冠　69. 饿虎扑食

第十二段

70. 左右提挑　71. 凤凰开屏　72. 古树盘根
73. 顺风扫叶　74. 倒提金龙　75. 云龙献爪
76. 单鞭锁喉

第十三段

77. 回身舒臂　78. 白袍铡草　79. 转身探海
80. 青龙探爪　81. 天边挂月　82. 回身刺睛
收势

全套正面示范

全套背面示范

第三章　凤凰剑动作图解

预备势

设定正南为习练凤凰剑时面对的方向。

两脚并立，立身中正，心神宁静，全身放松；左手反手持剑，手心向后，剑身竖直贴于前臂，剑尖向上；右手握成剑指，手心向内，两臂自然垂于体侧；目视前方（图 3–1）。

【动作要点】

身体自然直立，虚灵顶劲，含胸拔背，沉肩坠肘，尾闾中正，气沉丹田。

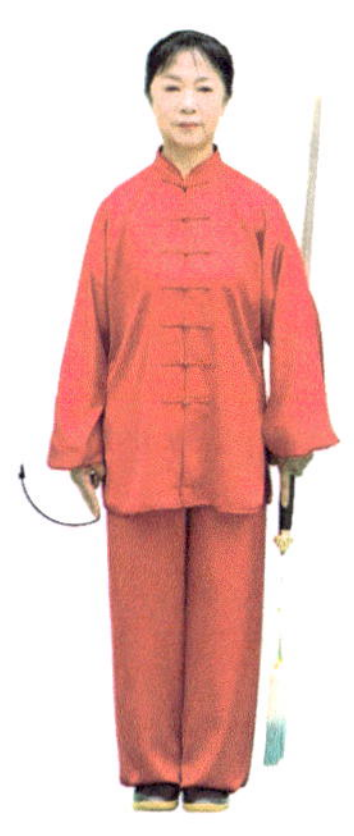

图 3–1

第一段

第一段

起势

1. 旋剑指

剑指以指尖为轴，外旋至手心向前，目视前方（图 3–2）。剑指向前上提约 30°，手心斜向上；腰微向左转，同时剑指以腕为轴，向左、向后、向右前方画弧，腰微向右转，剑指外旋继续画弧至右前方约 45°方向，亮剑指，手心向上，腕约与腰同高；左脚向前上步，脚跟着地；左手持剑撑于身体左侧；眼神要随体转，定式时目视剑指前上方（图 3–3）。

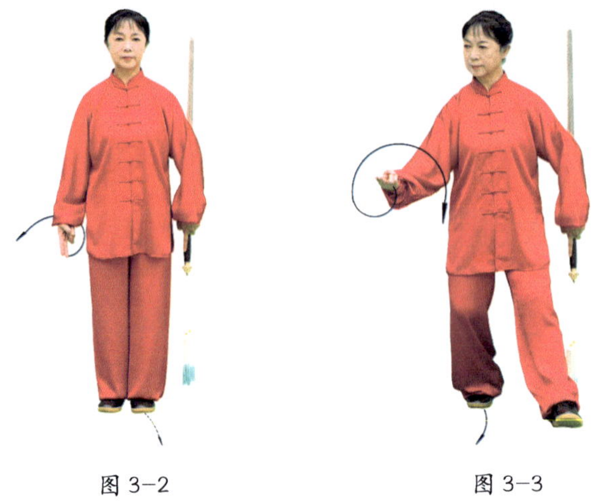

图 3–2　　图 3–3

2. 翻掌压腕

重心前移成左弓步；剑指下沉收于右胯前，指尖向前；右脚收于左脚内侧，向右开步，两脚间距与肩同宽，重心右移成开立步；同时，剑指向右、向上、向前、向左弧形内扣至手心向下，压腕至胯旁（图 3–4）。两腿由屈到伸，两臂自然垂于体侧，两手手心皆向后；目视前方（图 3–5）。

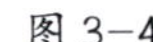

图 3–4

图 3–5

【动作要点】

（1）旋剑指：以腰脊带动，要用意不用力。

（2）左脚上步与亮剑指要同时到位，右脚开步踏实与扣掌、压腕要同时到位，两腿由屈到伸与剑指指尖垂于体侧要同时到位。

（3）要势动神随。

（4）凤凰剑是以太极图起势的。剑指旋走的两条弧线形成立体的太极图，要与之形似、神似，要意到、神到、气到、劲到。

第一式 顺水推舟

1. 揉球搭腕

两臂前平举，与肩同宽、同高，目视前方（图 3–6）。剑指以腕为轴，顺时针画一个立圆，至手心向上；同时，两脚以前脚掌为轴向右转体，右脚脚尖向西南转约 45°，左脚脚尖向西南转约 30°；重心移至右腿，屈膝，左腿随之微屈，前脚掌着地；同时，剑柄随转体摆至西南方向，剑指撤于右腰旁；目视前方（图 3–7）。剑走下弧线落至腹前，剑指走上弧线提至腹前搭腕；同时，左脚收于右脚内侧；目视前方（图 3–8）。

图 3–6　　图 3–7　　图 3–8

2. 弓步推剑

左脚向前上步，脚跟着地；剑上提至胸前，剑贴前臂成立剑；剑指搭腕；目视前方（图 3–9）。重心前移成左弓步，持剑手立剑向前推出；剑指搭腕；目视前方（图 3–10）。

图 3-9

图 3-10

【动作要点】

（1）两臂前平举，要以腕领劲，定式时力达指尖。

（2）向右转体时，要以腰带动两脚前脚掌蹍转，向右摆剑及撤剑指到腰旁，要同时到位。

（3）左脚收于右脚内侧与剑指腹前搭腕要协调一致并同时到位。

（4）左脚上步与上提剑至胸前要协调一致并同时到位；立剑推出的剑要横于体前，与胸同高；胸与两臂内侧要圆撑。

（5）剑指与剑上下绕弧腹前搭腕，行走一个立圆，似揉抱球；两手要协调配合，剑指行走的弧度不要过大。

第二式　仙人指路

1. 剑指右绕

重心后移至右腿，持剑手下落；右转腰，左脚内扣约 30°，同时剑指由体前走上弧线至身体右前方，手心斜向前，指尖向上；腕与肩同高；目视剑指方向（图 3–11）。

2. 剑指左绕

重心移至左腿；剑指走下弧线至左肩内侧，手心斜向后；持剑手下落微后撑，剑竖于左胯旁，剑尖向上；目视左前方（图 3–12）。

3. 虚步前指

腰向左转，右脚向前（西）上步，前脚掌着地成右虚步；剑指向前（西）指出，腕与肩同高，持剑手仍置于左胯旁微后撑，剑尖向上；目视剑指方向（图 3–13）。

图 3-11

图 3-12

图 3-13

【动作要点】

（1）剑指右绕和剑指左绕：剑指在体前行走一个立圆；剑指的摆动要以腰带肩、肩带肘、肘带腕运行，指尖皆滞后。

（2）虚步前指：要以左转腰带动右脚向前上步；右脚上步时，身体不要起伏；剑指要坐腕前指。

（3）定式时，百会上领，沉肩坠肘，松腰落胯。

（4）要目随体转。

第三式　坐莲摘莲

1. 撤步平指

右脚向后撤半步，前脚掌着地；持剑手后撑，剑指平指，手心向下；腕约与肩同高；目视剑指方向（图 3-14）。

图 3-14

2. 转体摆举

右脚向前摆脚上步，腰向右转，重心移至右腿；左手持剑由下向左、向前画弧上托，手心向上，腕与肩同高；同时，剑指沉腕下落至左肘内侧；目视前方（图 3–15、图 3–15 附）。腰继续右转，转体 180°至右后方（东），左脚撤步（西），前脚掌点地，右脚脚跟内踱；同时，剑指走下弧线至体前上托，手心向上，腕约与肩同高；持剑手走上弧线，屈肘扣于右肘内侧压剑，手心向下；目视剑指方向（图 3–16、图 3–16 附）。

图 3–15

图 3–15 附

图 3–16

图 3–16 附

3. 歇步压腕

重心后移至左腿；屈右臂，剑指向上、向后从左肩上向后指；持剑手下落于

左胯旁，剑贴前臂竖于体侧，右脚向左脚后插步；目视左后方（图 3–17、图 3–17 附）。两腿屈膝下蹲成歇步；剑指随之压腕，竖于左肩内侧；目视剑尖方向（图 3–18、图 3–18 附）。

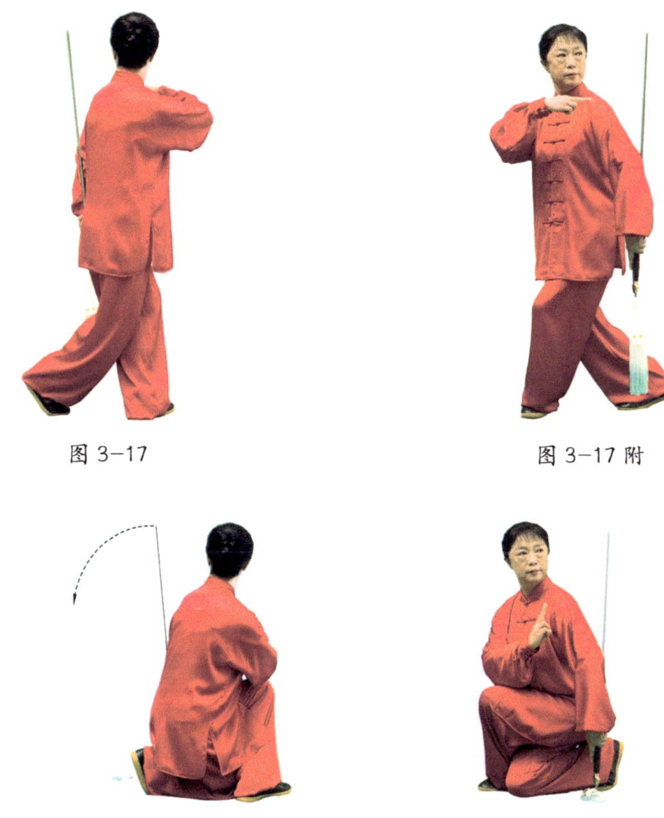

图 3–17　　图 3–17 附

图 3–18　　图 3–18 附

【动作要点】

（1）剑指前指、持剑手后撑、右脚撤步要同时到位。

（2）转体摆举：向东转体摆举和左脚撤步要上下相随、同时到位；两臂相对应走两个立圆。

（3）剑指从左肩上向后指，要先向后指再压腕。

（4）要保持动作的平稳，不要出现重心的上下起伏。

第四式　凤尾扫尘

1. 起身接剑

身体缓缓直起，两腿微屈；持剑手提剑柄至与腰同高成平剑，手心向下，剑尖向后；右手从左手外侧接剑，手心向内；目视左下方（图 3–19、图 3–19 附）。

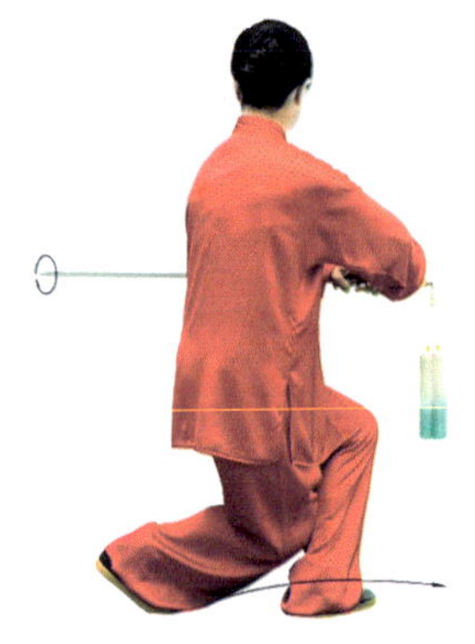
图 3–19

图 3–19 附

2. 上步扣剑

右脚向前摆脚上步；右手持剑内旋、扣剑于左胯旁，手心向下；左手剑指搭腕；目视扣剑方向（图 3–20、图 3–20 附）。

图 3–20

图 3–20 附

3. 抹剑翻崩

重心前移至右腿，左脚脚跟提起；右转腰、平抹剑，在剑尖摆至东北方向

时分剑；剑继续后抹至西南方向，翻崩剑成平剑，力在剑刃前端；右腕与腰同高；剑指走下弧线至头左上方；目随体转，定式时目视剑尖方向（图 3-21）。

图 3-21

【动作要点】

（1）右手接剑时，要以肘压剑，使剑柄成东西方向平剑。

（2）在平抹剑时，要随转腰进行抹剑，抹剑约与腰同高。

（3）腰向右拧转，两手分开，协调对称运行。

（4）握剑要松活；崩剑时要随势变换握法；定式时，将拇指压在剑格上，平剑向内回崩；崩剑、剑指、眼神要协调一致并同时到位。

第五式　引蛇出洞

1. 转腰提剑

腰向左转；剑柄提至约与胸同高，剑尖指向前（东）下方；剑指收于右肩内侧；目视左前下方（图 3-22）。

2. 上步收剑

左脚向前上步，脚跟着地；剑柄收于右胯旁，剑尖指向前下方；剑指走下弧线指向前下方；目视剑指方向（图 3-23）。

图 3-22

图 3-23

3. 弓步下刺

腰向左转，弓步下刺剑，力注剑尖；剑指屈臂搭腕；目视剑尖方向（图 3-24）。

图 3-24

【动作要点】

（1）上步收剑：剑指要略先于左脚出步，走下弧线时剑指要有领引的意识；剑尖、剑指、目视的方向一致。

（2）弓步下刺：下刺剑要转腰合胯。

第二段

第二段

第六式　马后观花

1. 转腰带剑

重心后移至右腿，腰向左转，左脚脚尖上翘；持剑手外旋至剑下刃向上，向左后带剑，剑柄至左额前方，剑尖向前略低；剑指搭腕；目视前方（图 3–25）。

图 3–25

2. 体侧绕剑

重心前移，左脚外摆成弓步；持剑手向后、向下带剑竖于体侧；剑指搭腕；目视前方（图 3–26）。

图 3–26

3. 上步撩剑

右脚向前上步，脚跟着地；剑在体侧走下弧线向体前撩剑，剑柄至头前，剑身斜于体前，剑下刃向上，剑尖略低，力在剑刃前端；剑指搭臂；目视前方（图 3-27）。

图 3-27

4. 转体砍剑

右脚外摆，重心前移至右腿，左脚脚跟提起；右转腰向西南方向抡砍剑，力在剑刃后部；剑指经右肩内侧走下弧线至头左上方；目视劈剑方向（图 3-28）。

图 3-28

5. 点剑

提腕点剑，力注剑尖；剑指搭臂；目视剑尖方向（图 3–29）。

图 3–29

【动作要点】

（1）体侧绕剑和上步撩剑：要以腰带剑行走一个立圆；剑要贴身而行；上步和撩剑要同时到位。

（2）转体砍剑：砍剑时腰向后拧转，要屈肘沉腕；砍剑、剑指、眼神要同时到位；两臂要协调对称运行。

（3）点剑：提腕下点，腕与肩同高。

第七式 秋风扫叶

1. 绕剑砍剑

持剑手以腕为轴，在身体右侧打剑花顺势砍剑至西南方向；随即左脚向前上步，脚跟着地；剑指搭臂；目视砍剑方向（图 3–30）。

2. 弓步扫剑

腰向左转，重心前移成左弓步；向东南约 30°方向扫剑，力在剑刃，剑尖略高于头；剑指经腹前走下弧线至身体左侧，腕与肩同高；目视剑尖方向（图 3–31）。

图 3-30

图 3-31

【动作要点】

（1）绕剑砍剑：砍剑和左脚上步要协调一致并同时到位。

（2）扫剑时，持剑手肘关节微屈，走下弧线由下向上扫剑，要有向上抄的意识；左弓步与扫剑要同时到位。

第八式　眉中点赤

1. 提膝带剑

腰向左转，左脚脚尖稍外摆，重心仍在左脚，提右膝成左独立步；持剑手带

剑至左腰旁，剑竖于身体左侧，剑指走下弧线搭腕；目视前方（图 3–32）。

2. 膝前格剑

剑经膝前向右格剑至右胯旁，剑竖于身体右侧；力在剑刃中部；剑指搭腕；目随体转，定式时目视前方（图 3–33）。

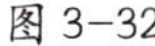

图 3–32

图 3–33

3. 弓步反刺

屈左膝，右脚向右前方上步，持剑手内旋屈臂带剑至右肩前上方，剑尖斜向前；目视前方（图 3–34）。重心前移成右弓步，向东南约 30°方向反手上刺剑，力注剑尖，剑尖略高于头；剑指搭臂；目视剑尖方向（图 3–35）。

图 3–34　　图 3–35

【动作要点】

（1）提膝带剑：左脚外摆为实脚外摆，身体不起伏；格剑时注意保持立身中正，不可低头弯腰；剑身保持垂直状。

（2）反手刺剑时，注意沉肘，不掀肘起肩；弓步与上刺剑要同时到位。

第九式　提步摘星

1. 歇步抱剑

剑在身体左侧打一剑花成平剑，抱剑于左腰前，剑尖斜向前上方；左脚摆脚上步，屈膝下蹲成歇步；同时，剑指在身体左侧绕立圆搭腕；目视剑尖方向（图3–36）。

2. 弹踢上刺

身体缓缓直起，重心后移至右腿成虚步（图 3–37）。右腿蹬直，左脚向右前方弹踢；剑向东南约 30°方向上刺，力注剑尖；剑指外撑于身体左侧，腕与肩同高；目视剑尖方向（图 3–38）。

图 3–36

图 3–37

图 3-38

【动作要点】

（1）成独立步时百会上领，支撑腿下蹬，两肩松沉，以保持重心的稳定。

（2）剑与剑指绕环相对应进行，剑要贴身而行。

（3）右腿蹬直、左脚弹踢、上刺剑要同时进行、同时到位、方向一致；左脚弹踢的力在脚尖。

（4）定式时，身体保持中正，沉肩坠肘，落胯，左臂要圆撑。

第十式 倒坐金莲

1. 提膝带剑

腰向右转，左小腿屈收、提膝成右独立步；持剑手内旋带剑至身体右侧，腕约与肩同高，剑尖向前；剑指平摆至右肩内侧；目视左前方（图 3–39）。

图 3-39

2. 弓步下刺

屈右膝，左脚向前落步，脚跟着地；剑收于右腰旁，剑尖指向前下方；剑指走下弧线向前下方指出；目视剑指方向（图 3–40）。左转腰，弓步下刺，力注剑尖；剑指搭腕；目视剑尖方向（图 3–41）。

图 3–40　　图 3–41

3. 上步格剑

右脚外摆向前上步，随即重心前移至右腿，左脚脚跟提起；上格剑，剑横于额头前，约与眼同高，剑下刃向上；剑指收于腹前，手心向下；目视前方（图 3–42）。

4. 坐盘砍剑

重心前移，左脚向右脚后插步，脚面着地，屈右膝下蹲成坐盘步；砍剑至西南方向，力在剑刃；剑指走上弧线至头左上方；目视砍剑方向（图 3–43）。

图 3–42　　图 3–43

5. 提腕点剑

提腕点剑，力注剑尖；剑指落于右前臂内侧；目视点剑方向（图 3–44）。

图 3–44

6. 左转带剑

腰向左转；持剑手外旋成平剑，向左带剑至体前，力在剑刃，剑柄约与下颌同高，剑身斜于体前，剑尖滞后；剑指收于左腰旁，手心向上；目视剑柄方向（图 3–45）。

7. 俯身扫剑

剑尖挥摆至东北约 30°方向，持剑手内旋扣剑至手心向下；前俯身，下压剑，右转腰扫剑，剑柄约至西南方向，剑尖扫至体侧；力在剑刃中前部；剑指走弧线向上撑至头左上方；目随体转，定式时目视扫剑方向（图 3–46）。

图 3–45

图 3–46

【动作要点】

（1）上步格剑：右脚上步、左脚脚跟提起与上格剑要同时到位。

（2）坐盘砍剑：首先，左脚插于右脚后，脚面及左小腿仆地成跪步；其次，臀部坐在左脚内侧上；最后，右脚脚尖回勾。习练者可根据自身条件选择坐盘步或歇步。

（3）扫剑的整个动作要在腰脊的带动下完成，要目随体转。

第十一式　樵子伐柴

1. 起身翻剑

边起身边后扫剑至剑尖向西南约 30°方向，随即左脚向前上步，脚跟着地；之后持剑手外旋至手心向上；剑指收于右肩内侧；目视剑尖方向（图 3–47）。

图 3–47

2. 转腰抡劈剑

重心前移，左脚外摆成左弓步；向左后转腰转体，剑向左后下方抡劈至西北约 30°方向，力在剑刃；右脚脚跟提起；剑指搭臂；目随体转，定式时目视剑尖方向（图 3–48、图 3–48 附）。

图 3-48

图 3-48 附

【动作要点】

（1）左脚上步与持剑手外旋至手心向上要同时到位。

（2）抡劈剑动作幅度比较大，从西南逆时针抡劈至西北方向；抡劈剑要以腰脊带剑挥摆，抡劈剑的路线是自下而上再向下的弧线。

第十二式　凤凰抖翅

右脚向前上步，前脚掌着地成右虚步；持剑手虎口向前带剑柄至体前，剑尖滞后；抖腕立刃回崩剑，力在剑刃前端；剑指按于左胯旁；目视剑尖方向（图 3-49）。

图 3-49

【动作要点】

右脚上步成右虚步与回崩剑要协调一致；崩剑要以腰带动，要立剑以剑尖的上刃由下向上沿腕回崩；百会上领，沉肩落胯。

第三段

第三段

第十三式　梨花滚腕

1. 左绕反劈剑

腰向左转，持剑手内旋至剑上刃向下，向身体左侧走下弧线绕剑与剑指在左胯旁相合，剑指搭腕；持剑手反手劈剑至体前，力在剑刃；目视剑尖方向（图 3–50）。

图 3–50

2. 右绕正劈剑

腰向右转；剑在身体右侧绕立圆劈剑至体前，力在剑刃；剑指仍搭腕；目视剑尖方向（图 3–51）。

图 3-51

【动作要点】

（1）左绕反劈剑和右绕正劈剑：绕剑在腰的带动下贴身而行，分别走两个立圆；劈剑要劈在体前的中线上。

（2）握剑要松活。

第十四式　退步跨虎

右脚向后撤步，重心后移至右腿，左脚微后撤成左虚步；两手向身体两侧分剑，两腕与胸同高，力在剑刃；目视剑尖方向（图 3–52）。

图 3-52

【动作要点】

定式时，要沉肩坠肘，剑指与剑尖均指向胸前方的中线。

第十五式　张良献履

1. 上步收剑

左脚向前上步，两手外旋卷收于腰间；剑尖向前，目视前方（图 3–53）。

2. 并步平刺

右脚向左脚内侧并步，两腿屈蹲；两手腹前捧剑，左手捧托于右手下，两臂微屈；目视前方（图 3–54）。起身平刺剑，力注剑尖；目视前方（图 3–55）。

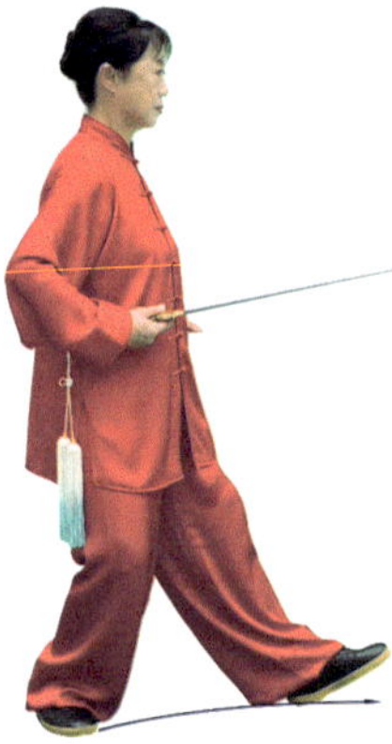

图 3–53

图 3–54

图 3–55

【动作要点】

（1）捧剑的左手可保持剑指。

（2）起身和刺剑要协调一致，两腿缓缓蹬直与刺剑要同时到位；刺剑定式时，两臂不要伸得太直；百会上领，肩胯松沉。

第十六式　恨福来迟

1. 转腰截剑

腰向左转，两膝微屈；持剑手外旋至剑下刃向上，向身体左侧走上弧线向后带剑，力在剑刃，之后立剑下截至左胯旁，剑尖向后，力在剑刃中部；剑指搭腕；目视截剑方向（图 3–56、图 3–56 附）。

图 3–56

图 3–56 附

2. 转腰带剑

腰向右转，带剑至体前，剑尖向下，剑柄约与胸同高，剑面与身体保持平行，持剑手手心向前（东）；剑指搭腕；目视剑指方向（图 3–57）。

3. 提膝洗剑

提右膝，左腿缓缓蹬直成左独立步；持剑手向上提剑，力在剑刃，剑柄约与额头同高；同时，剑指手心向下，从剑的根部贴剑面自上而下滑动至剑的下端洗剑，剑指撑于腹前；目视剑指方向（图 3–58）。

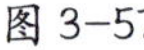

图 3-57

图 3-58

【动作要点】

提膝洗剑：左腿蹬直与剑指向下滑动洗剑要同时进行、同时到位。

第十七式　海底擒鳌

1. 下刺剑

剑从右脚踝关节前向下刺剑，剑柄落于胸前；剑指仍撑于腹前；目视剑尖方向（图 3–59）。

2. 转体拨剑

持剑手向体前推剑柄，右臂圆撑；以左脚前脚掌为轴，向后转体约 180°；持剑手随势向后走侧弧线拨剑，剑柄收至右腰旁，剑贴小腿，剑尖指向前下方；剑指收于左胯旁；目视剑尖方向（图 3–60）。

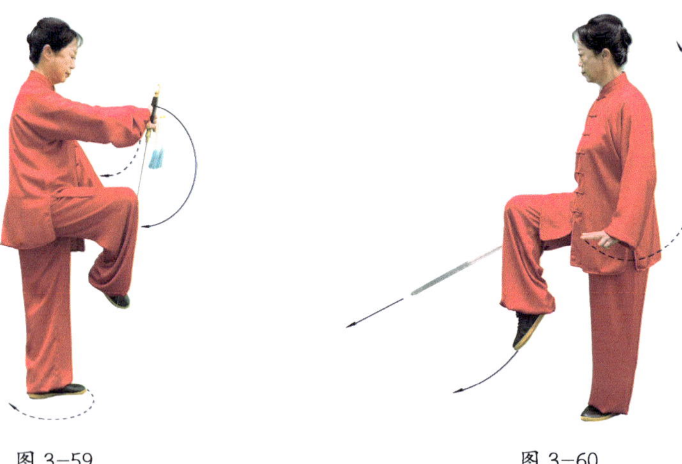

图 3-59　　图 3-60

3. 弓步下刺

右脚向前上步成右弓步，持剑手向前下方刺剑，力注剑尖；剑指向后走上弧线至头左上方；目视剑尖方向（图 3-61）。

图 3-61

【动作要点】

（1）下刺剑：剑面要贴右脚踝关节前下刺。

（2）向后转体时，要重心下沉，以持剑手向后拨剑之力带动向后转体，以保持重心的稳定。

（3）弓步刺剑与剑指要协调并同时到位。

第十八式　独占鳌头

1. 后坐带剑

重心后移，腰向左转，右脚脚尖微起；持剑手外旋至剑下刃向上，随即向左、向上、向后绕弧线带剑，剑柄至左额前，剑尖向前；剑指搭臂；目视剑尖方向（图 3-62）。

图 3-62

2. 体前撩剑

腰向右转，右脚外摆，重心前移成右弓步；剑在身体左侧走下弧线向体前反手撩剑，剑柄约与额头同高，剑下刃向上，剑身斜向前，剑尖略低，力在剑刃中前部；剑指仍搭臂；目随体转，定式时目视剑尖方向（图 3-63）。

图 3-63

3. 独立架剑

提左膝成右独立步；剑继续向上、向后领带至头右上方成独立架剑，右臂微屈，力在剑刃中后部，剑尖略低；同时，剑指经右肩内侧走下弧线前指，左臂自然伸直，腕约与肩同高；目视前方（图 3-64）。

图 3-64

【动作要点】

（1）带剑和撩剑在体侧走一个立圆，力为滚动的力；动作幅度比较大，身与剑要协调一致、上下相随。

（2）体前撩剑：目随体转，在剑绕弧和反手撩剑的过程中，眼睛要先向后看，再向前看。

（3）定式时要保持立身中正，肩胯松沉，身体不可前俯后仰。

第十九式　进刺蛟龙

1. 独立提剑

屈右膝，左脚向前摆脚落步，重心前移，左腿由屈到伸，右脚向后提起；腰向左转，剑指走下弧线经左胯指向东南约 30°方向；持剑手随剑指的领引挂剑，剑柄收于右腰旁，剑尖指向东南约 30°方向；目视剑指方向（图 3-65）。

2. 扣腿平衡下刺

右脚面收于左腿膝窝处，左腿屈膝下蹲成扣腿平衡式；持剑手外旋向东南约 30°方向下刺剑，力注剑尖；左臂屈收，剑指搭臂；目视剑尖方向（图 3-66）。

图 3-65

图 3-66

【动作要点】

（1）扣腿平衡下刺：百会上领，沉肩落胯，以保持重心的平稳；持剑手外旋刺出的剑为侧平剑。

（2）定式时，屈膝、剑指搭臂、下刺剑要同时到位。

第二十式　高祖斩蛇

1. 上步举剑

身体边起边向右（西）转，右脚向前上步，脚跟着地；持剑手内旋走上弧线举剑至头前上方，剑下刃向上，剑尖略低；剑指走下弧线收于左胯旁，手心向上；目视前方（图 3–67）。

2. 弓步劈剑

重心前移成右弓步，剑劈在体前的中线上，腕与肩同高，力在剑刃；剑指向后走上弧线至头左上方；目视劈剑方向（图 3–68）。

图 3-67

图 3-68

【动作要点】

（1）由扣腿平衡式到起身，要保持立身中正，支撑脚下蹬起身，以保持重心的稳定。

（2）弓步劈剑定式时，剑与臂成一条线，腕与肩同高。

第四段

第四段

第二十一式　回身舒臂

1. 提膝抱剑

持剑手内旋至剑上刃向下，在体前走下弧线绕剑，力在剑刃后部；剑指后撑；重心后移至左腿，提右膝成左独立步；剑指和持剑手同时外旋走下弧线相合抱剑于左胯旁，剑尖斜向上；剑指附于剑柄；目视右前方（图 3–69）。

图 3–69

2. 转身平刺

腰向左转，剑贴右上臂；右脚向左、向前蹬踹，力在脚跟；屈左膝，右脚向前摆脚落步；持剑手提剑柄，向前、向下挂剑至剑尖向后，剑柄至体前，腕与肩同高，剑指仍附于剑柄；目视持剑手方向（图 3–70）。右脚脚尖外展，重心移至右腿，左腿微屈，脚跟自然提起；腰向后拧转，剑向后（东）平刺，力注剑尖；剑指向后走上弧线至头左上方；目视剑尖方向（图 3–71）。

图 3-70

图 3-71

【动作要点】

（1）提膝抱剑：要紧接上式的劈剑，即刻在体前绕一个立圆劈砍。

（2）转身平刺：要上提剑柄至剑尖向下，再向后刺剑；后刺剑时先立剑贴上臂，再向后平刺。

第二十二式　青龙探爪

1. 转腰提剑

腰向左转，屈右臂，剑柄提至与胸同高，剑尖指向前（西）下方；剑指收于右肩内侧；目视前下方（图 3-72）。

2. 上步收剑

左脚向前上步，脚跟着地；剑柄卷收于右胯旁，剑尖指向前下方；剑指走下弧线指向前下方；目视剑指方向（图 3-73）。

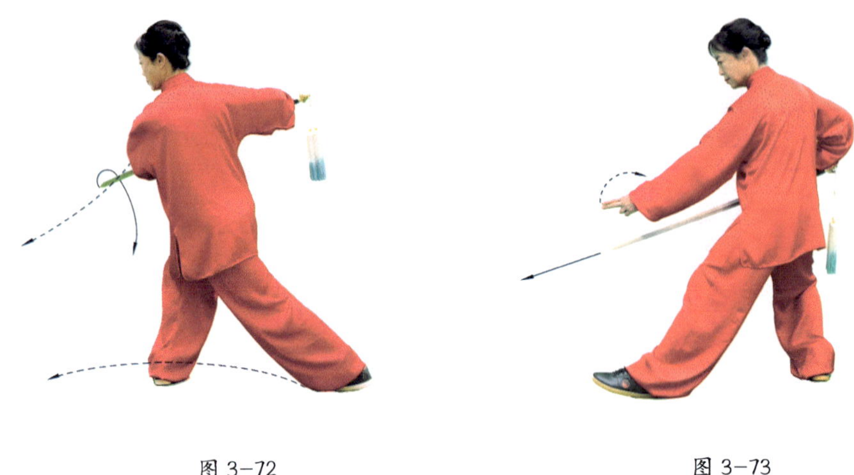

图 3-72　　　　图 3-73

3. 弓步下刺

重心前移成左弓步；左转腰，弓步下刺，力注剑尖；左臂屈收，剑指搭臂；目视刺剑方向（图 3-74）。

图 3-74

【动作要点】

（1）上步收剑：剑指要略先于左脚的出步，走下弧线前指，要有领引的意识；剑柄贴胯，剑尖、剑指、目视的方向一致。

（2）弓步下刺：下刺剑要转腰合胯。

第二十三式和第二十四式　黄龙转身和卧虎护门

1. 后坐抽剑

重心后移至右腿，左脚脚尖微翘；沉腕抽剑于右腹前；剑指仍搭臂；目视剑尖方向（图 3–75）。

2. 扣脚截剑

腰向右转，左脚脚尖内扣；同时，剑向东北约 30°方向立剑截出，下刃向外，力在剑刃中前部；剑指向身体左侧外撑，手心向外；目视截剑方向（图 3–76）。

图 3–75　　图 3–76

3. 插步截剑

重心移至左腿，同时两手外旋至手心向上，右脚向左脚后插步；剑指与持剑手同时走上弧线相合于体前，剑指搭腕，立剑下截于左胯旁，力在剑刃中部；目视截剑方向（图 3–77）。

4. 翻身抹剑

以腰为轴，右脚脚跟前摆，持剑手由左向右走下弧线，仰身转体抹剑至左胸前（图 3–78）。左脚以脚跟为轴，脚尖内扣，抹剑至胸前上方（图 3–79）。右脚以前脚掌为轴，脚跟前摆，成高歇步；抹剑至右前方，剑尖斜向上，剑下刃向下，力在剑刃；剑指搭腕；目随体转，定式时目视剑尖方向（图 3–80）。

5. 歇步带剑

右转腰，左脚前脚掌内碾，脚跟前摆，屈膝下蹲成歇步；带剑至右胯旁，剑尖指向前上方（西）；剑指仍搭腕；目视剑尖方向（图 3–81）。

图 3–77

图 3–78

图 3–79

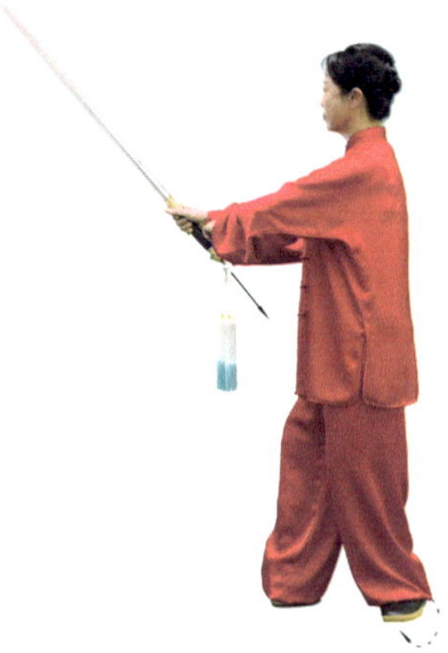

图 3–80

图 3–81

【动作要点】

（1）黄龙转身和卧虎护门两个招式动作衔接比较紧密；翻身抹剑为黄龙转身，歇步带剑为卧虎护门。

（2）后坐抽剑：要先压剑柄再向后抽剑，剑尖不要随意上挑。

（3）扣脚截剑：要用剑刃中前部向东北方向截剑，两臂内侧要圆撑。

（4）插步截剑的剑身为东西方向。

（5）翻身抹剑的步法：摆扣步。

（6）翻身抹剑的身法：剑与身体保持平行，上体尽量后仰，身体呈反弓状，

翻身时要以腰带动转体，身体要保持稳定。

（7）翻身抹剑的路线：自截剑开始，剑首领带，剑下刃向左、向下、向右抹剑，走下弧线，力在剑刃；持剑手随转身而带动行剑。

（8）歇步与带剑至右胯旁要同时到位。

（9）要势动神随，目随体转。

第二十五式 眉中点赤

1. 上步提剑

持剑手微向后撤剑柄，徐徐起身，持剑手内旋将剑柄提至右肩前，剑下刃向上，剑尖指向前上方；同时，左脚向前上步，脚跟着地；剑指搭腕；目视剑尖方向（图 3–82）。

2. 弓步上刺

重心前移成左弓步；持剑手反手向前上方刺剑，力注剑尖；剑指仍搭腕；目视剑尖方向（图 3–83）。

图 3–82

图 3–83

【动作要点】

（1）上步提剑：起身上步时，持剑手后撤剑柄再上提剑至右肩前，走一后弧线；左脚上步与上提剑至右肩前要同时到位。

（2）反手刺剑时剑尖高于头。

第二十六式　推窗望月

1. 转腰抽剑

重心后移至右腿，右转腰；屈右臂向后抽剑，剑柄至右肩前上方；剑指搭臂；目视前方（图 3–84、图 3–84 附）。

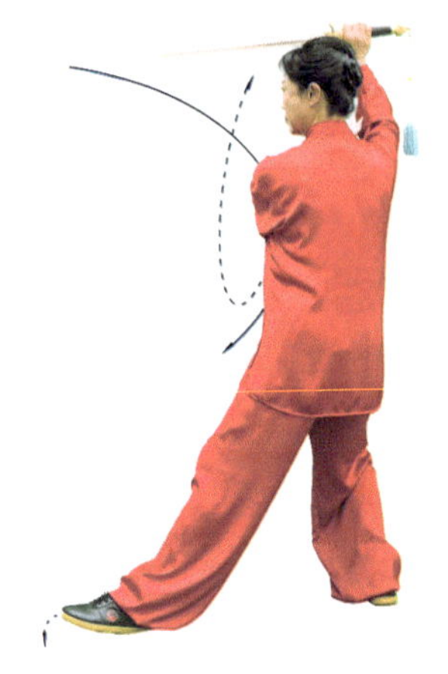
图 3–84

图 3–84 附

2. 弓步穿剑

腰向左转，重心前移至左腿，左脚外摆成左弓步；同时，剑指经右胸、腹前走下弧线绕至头前上方，手心向前；剑走下弧线经腹前向左立剑成穿剑，横于腹前，手心向内，力注剑尖；目视前方（图 3–85、3–85 附）。

图 3–85

图 3–85 附

3. 虚步架剑

右脚向前上步，前脚掌着地；同时，剑指外旋至手心向下，下压于腹前；持剑手内旋至剑下刃向上，上举剑横架于头前上方，手心向前，力在剑刃中部；目视左前方（图 3–86）。

图 3–86

【动作要点】

（1）弓步穿剑：剑指要先行于剑；剑指和剑要一前一后、一上一下交叉对应运行。腹前穿剑、剑指上绕至头前上方、左弓步要同时到位。

（2）虚步架剑：右脚向前上步、剑指下压、上架剑要协调一致并同时到位。

第五段

第五段

第二十七式 凤舞连环

1. 右撩剑

腰向右转；持剑手向身体右后方带剑，剑柄至右肩后上方，剑尖向前、略低，剑下刃向上，力在剑刃；剑指外旋走上弧线于体前前指，手心向上；目视前方（图 3–87）。剑向后走下弧线向体前撩剑，剑下刃向上，剑尖略低，力在剑刃中前部；同时，屈左臂，剑指走上弧线与持剑手相合搭臂；目视前方（图 3–88）。

图 3-87

图 3-88

2. 左撩剑

腰向左转；剑向身体左侧绕圆，向体前反手撩剑至体前的中线上，剑下刃向上，剑尖略低，力在剑刃中前部；剑指搭臂；同时，右脚向后撤步，脚尖着地；目随体转（图 3-89）。

3. 后坐带剑

腰向右转，重心后移至右腿，左脚脚跟外展，脚尖向前成左虚步；持剑手带剑至右肩后上方，剑下刃向上，剑尖略低，力在剑刃；剑指经右肩内侧走下弧线至体前前指，腕与肩同高，手心向上；目视剑指方向（图 3-90）。

图 3-89

图 3-90

4. 撤步刺剑

左脚向后撤步，脚尖着地；剑柄卷收于腰间，手心向上；剑指内旋翻扣至手心向下；目视剑指方向（图 3-91）。重心后移至左腿，右脚脚跟外展，脚尖向前成右虚步；同时，左转腰，持剑手向前平刺，力注剑尖；屈左臂，剑指搭臂；目视剑尖方向（图 3-92）。

图 3-91　　图 3-92

5. 撤步绞剑

持剑手以腕为轴内旋至手心向右，带动剑尖逆时针走一个小立圆，力在剑刃前端，剑下刃向上，剑尖微低；同时，右脚撤步，脚尖着地，剑指仍搭臂；目视剑尖方向（图 3-93）。重心后移至右腿，左脚脚跟外展，脚尖向前成左虚步；

右转腰，持剑手带剑至右肩后上方；剑指经右肩内侧走下弧线至体前，腕约与肩同高，手心向上；目视剑指方向（图 3–94）。

图 3–93　　图 3–94

6. 撤步刺剑

左脚向后撤步，脚尖着地；剑柄卷收于腰间，手心向上；剑指内旋翻扣至手心向下；目视剑指方向（图 3–95）。重心后移至左腿，右脚脚跟外展，脚尖向前成右虚步；同时，左转腰，持剑手向前平刺，力注剑尖；屈左臂，剑指搭臂；目视剑尖方向（图 3–96）。

图 3–95　　图 3–96

【动作要点】

（1）凤舞连环是防守中的进击招式，剑法有撩剑、带剑、刺剑和绞剑，要

准确掌握剑法的要领。

（2）步法要虚实分明，撤步不要过大。

（3）身法要以腰带剑，上下相随，身剑合一，力由脊发。

（4）撩剑、刺剑、绞剑的点位均在体前的中线上。

（5）要势动神随。

第二十八式 壁龙点睛

1. 插步倒立剑

右脚向左脚后插步，成高歇步；剑走上弧线向身体左侧下刺成倒立剑，剑尖向下，持剑手手心向外，剑柄约与胸同高；剑指仍搭臂；目视剑尖方向（图 3–97）。

2. 转体拨剑

以两脚前脚掌为轴向右蹍转，转体至东北方向；剑随转体立剑拨至身体左侧，力在剑刃中前部；剑指仍搭臂；目视拨剑方向（图 3–98）。

图 3–97

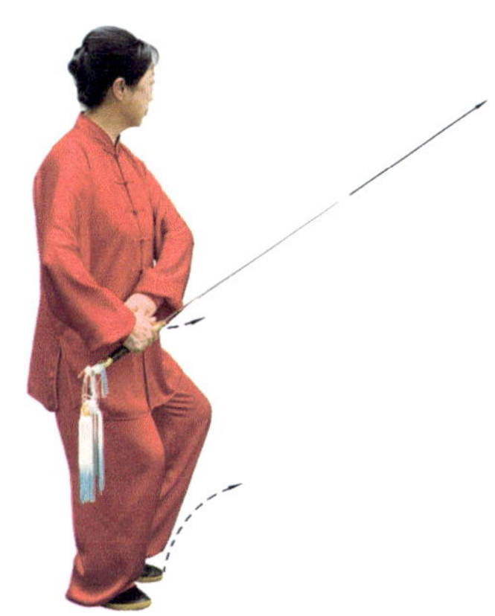

图 3–98

3. 弓步上刺

腰向右转，左脚向前上步；同时下压剑柄成平剑，剑身斜至体前，剑尖指向东北约 45°方向；之后，持剑手将剑柄卷收于右胯旁；剑指经腹前落于左胯旁，手心向上（图 3–99）。重心前移成左弓步；同时，上刺剑，剑尖略高于头，力注剑尖；剑指向后走上弧线至头左上方；目视刺剑方向（图 3–100）。

图 3-99　　图 3-100

【动作要点】

（1）倒立剑时，两臂要圆撑；在转体拨剑时，剑要竖直不要倒斜。

（2）定式时，百会上领，沉肩落胯。

第二十九式和第三十式　游龙闹海和苏秦背剑

1. 绕剑劈剑

剑在身体右侧绕一个立圆再劈剑至东北约 45°方向，力在剑刃；剑指搭臂；目视劈剑方向（图 3–101）。

图 3-101

2. 提膝架剑

重心后移至右腿，右转腰，扣左脚，摆右脚；持剑手抽剑于右胯旁，手心向下，剑身置于体前，剑尖向东；剑指搭臂；目视剑尖方向（图 3–102）。提左膝成右独立步，持剑手内旋至剑下刃向上，架剑至头右上方，力在剑刃中部；剑指搭臂；目视左前方（图 3–103）。

图 3–102

图 3–103

3. 左挂剑

腰向左转，左脚向右、向前、向左蹬踹，随即向外摆脚落于体前，重心前移至左腿；同时，剑指向前、向左、向体后走侧弧线领引；持剑手随剑指挂剑，力注剑尖；目视剑尖方向（图 3–104）。剑指向后、向上绕弧线搭腕；持剑手向后、向上继续挂剑，力注剑尖；提右膝成左独立步，抱剑于左胯旁，剑尖斜向前上方；目视前方（图 3–105）。

图 3-104

图 3-105

4. 右挂剑及弓步背剑

腰向右转，右脚向左、向前、向右蹬踹，随即向外摆脚落于体前；持剑手向前、向右下挂剑；目视剑尖方向（图 3-106）。重心前移成右弓步，持剑手向体后、向上走侧弧线挂剑，剑尖斜向前；剑指落于右肩内侧；目视剑尖方向（图 3-107）。持剑手向前、向下走侧弧线挂剑，剑背于身后，成弓步背剑式，力在剑刃前端；同时，剑指经腹前收于左胯旁；目随体转，定式时目视前方（图 3-108、图 3-108 附）。

图 3-106

图 3-107

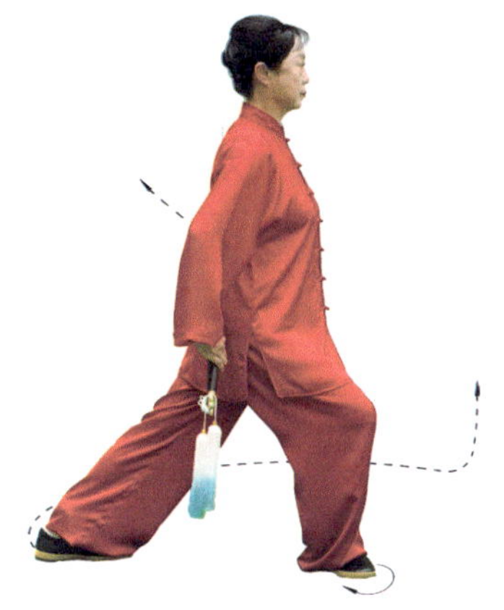

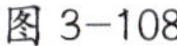

图 3-108

图 3-108 附

5. 独立转体背剑

以右脚前脚掌为轴，向右后方（西）转体 180°；同时，左腿向后方扫腿，提膝成右独立步；剑仍背于体后；剑指随转体挥摆至体前前指；目视前方（图 3-109）。

图 3-109

【动作要点】

（1）游龙闹海和苏秦背剑两个招式动作衔接比较紧密。此动作幅度比较大，身法、步法要连贯灵活，上下相随，身剑合一。

（2）挂剑势如抄物。握剑要松活，要根据动作要求不断变换握法。

（3）左右蹬踹要交叉进行，蹬踹的角度为东南和东北方向。

（4）左右挂剑要流畅，要走两个侧立圆。剑指领引行剑，挂剑要挂到体前和身后的中线上。

（5）向后转体时支撑腿微屈，定式时腿蹬直；转体是以支撑脚下蹬和左臂由后向前摆动助力顺势转体，以保持重心的稳定。

（6）背剑的定式：持剑手握剑柄于右胯旁，剑尖置于左肩后上方，剑斜背于身后。

（7）要势动神随。

第六段

第六段

第三十一式　攀枝打果

1. 上步抽剑

右腿屈膝，左脚向前摆脚落步；重心前移成左弓步，左转腰抽剑，剑柄至胸前，剑身斜竖于身体右侧；剑指搭臂；目视剑柄（图 3–110）。

2. 仰身云剑

重心后移，上体微后仰，右转腰；持剑手外旋至剑下刃向上，经面前云剑至右肩外侧，剑尖斜向左上方，手心斜向外，力在剑刃；剑指落于腹前，手心向下；目视前上方（图 3–111）。

图 3–110

图 3–111

3. 提膝平斩

身体直起，重心前移，腰向右转；剑挥摆至右后侧，腕与肩同高，剑尖斜向后；剑指撑于腹前；目视剑尖方向（图 3–112、图 3–112 附）。提右膝成左独立步，左转腰；持剑手外旋剑向体前平斩，腕与肩同高，剑尖向前，力在剑刃前部；剑

指随转腰向左、向后走上弧线，撑于身体左侧，腕与肩同高，手心向外，指尖向前；目视剑尖方向（图 3–113）。

图 3–112

图 3–112 附

图 3–113

【动作要点】

（1）要以重心前移和左转腰带动抽剑。

（2）仰身云剑：剑面要在面前平行云抹，力点沿剑刃滑动。

（3）提膝平斩：剑向体前平斩和剑指外撑要同时到位。

（4）定式时，持剑手、剑指与肩同高。

第三十二式　反扫浮萍

1. 上步带剑

左腿屈膝，右脚向前落步，脚跟着地；左转腰，持剑手外旋走上弧线带剑至左额外侧，力在剑刃，剑身斜向前，剑尖略低；剑指搭臂；目视剑尖方向（图 3–114）。

图 3–114

2. 弓步反撩

腰向右转，重心前移成右弓步；剑由身体左侧走下弧线向体前反手撩剑，剑身斜于体前，剑尖略低，力在剑刃前端；剑指仍搭臂；目视前方（图 3–115）。

图 3–115

【动作要点】

（1）反撩剑要撩在体前的中线上，剑下刃向上，腕约与肩同高。

（2）保持立身中正，身体要松沉，不起伏。

（3）持剑手在身体左侧绕剑，要目随体转。

（4）定式时，要目视撩剑的方向。

第三十三式　进提撩挑

1. 虚步抱剑

剑在身体左侧绕立圆，抱剑于左胯旁成平剑，剑尖向前；剑指附于剑柄；同时，左脚摆脚向前上步，前脚掌着地；目视前方（图 3–116）。

2. 提膝平刺

左脚外摆垫步，重心前移至左腿，提右膝成左独立步；剑向前平刺，持剑手腕约与肩同高，力注剑尖；剑指外撑于身体左侧，腕与肩同高；目视前方（图 3–117）。

图 3–116　　图 3–117

【动作要点】

（1）虚步抱剑与左脚上步要同时到位；绕剑要立剑后绕，定式为平剑。

（2）提膝平刺：提膝、平刺剑与剑指侧撑要同时到位；腕与肩同高，右臂要圆撑。

第三十四式　回身射雁

1. 屈膝落步

左腿屈膝，右脚于体前落步，脚跟着地（图 3–118）。

2. 转体抽剑

右脚脚尖内扣，身体向后（东）转 180°，重心移至右腿；左脚以前脚掌为轴蹍转，活步落于体前成左虚步；同时，持剑手向上、向后（东）劈剑，随即抽剑于右胯旁，力在剑刃，剑尖约与膝同高；剑指走下弧线经右肩内侧及下颌坐腕向前指，腕约与肩同高，成虚步藏剑；目视前方（图 3–119）。

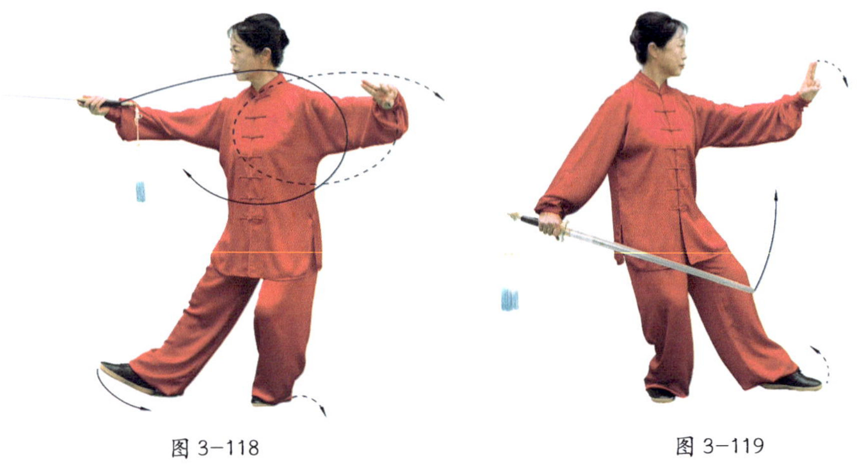

图 3–118　　图 3–119

【动作要点】

（1）转体抽剑：剑走一个立圆，抽剑的力为滚动的力。

（2）剑指前指与左脚落于体前的动作要上下相随、协调配合。

第三十五式　白猿献果

1. 摆脚收剑

左脚外摆垫步；持剑手外旋将剑卷收于腰间，手心向内；剑指内旋翻扣至手心向下；目视前方（图 3–120）。

图 3-120

2. 弓步平刺

腰向左转，重心前移至左腿，成左弓步，右脚脚跟提起；向前平刺剑，剑与肩平，力注剑尖；屈左臂，剑指搭臂；目视剑尖方向（图 3-121）。

3. 跟步击剑

右脚跟步于左脚内侧成右丁步；腰微向右转，剑尖向左抖腕平击，力在剑刃前端，持剑手手心向上；剑指仍搭臂；目视剑尖方向（图 3-122）。

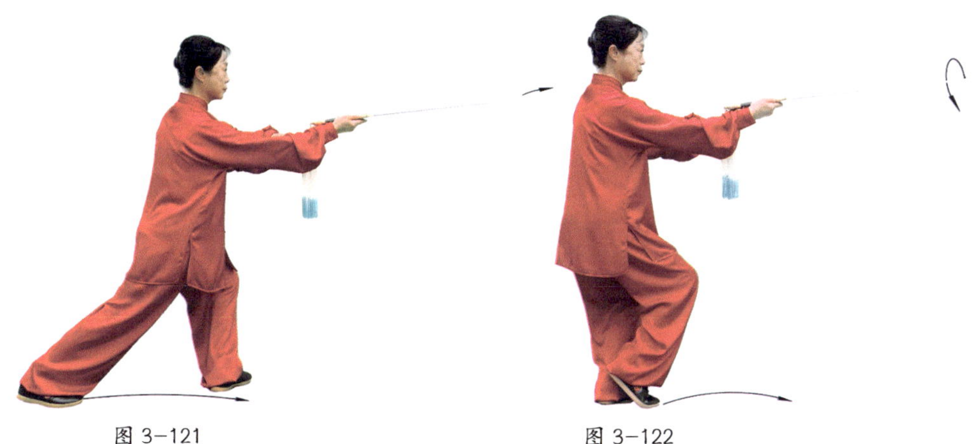

图 3-121　　图 3-122

【动作要点】

（1）弓步平刺：要顺肩刺剑。

（2）右脚跟步成右丁步与右手平击剑要协调一致，击剑要以腰带剑，抖腕，剑尖要向左侧点击。

第三十六式　凤凰点头

1. 进步绞剑（1）

右脚上步，脚跟着地；持剑手内旋翻扣至手心向下，绞剑，力在剑刃前端；剑指搭臂；目视剑尖方向（图 3–123）。重心前移至右腿，持剑手向前平刺，力注剑尖；剑指搭臂；目视剑尖方向（图 3–124）。

图 3–123　　图 3–124

2. 进步绞剑（2）

左脚摆脚向前上步，脚跟着地，脚尖外摆；绞剑，力在剑刃前端（图 3–125）。重心前移至左腿，持剑手向前平刺，力注剑尖；剑指搭臂；目视剑尖方向（图 3–126）。

图 3–125　　图 3–126

3. 进步绞剑（3）

右脚向前上步，脚跟着地；绞剑，力在剑刃前端（图 3–127）。重心前移至右腿，向前平刺剑，力注剑尖；剑指搭臂；目视剑尖方向（图 3–128）。

图 3–127

图 3–128

【动作要点】

（1）绞剑方法：以腕关节为轴，肘关节微屈，剑尖由右向左逆时针走小立圆。此式练习，要先练开展，再练紧凑，圆要越练越小，直到剑尖由上向下点，似凤凰点头。

（2）绞剑步法：要虚实分明，右脚上步，脚尖向前；左脚摆脚上步。

（3）绞剑身法：要以腰带肩、肩带臂、臂带手、手带剑进行绞剑；前行时，身体要顺肩侧行，不要正面前行。

（4）绞剑要螺旋式前进。绞一剑，上一步；重心前移，随即向前刺一剑。

第三十七式　玉女穿梭

1. 转体绕剑

重心后移至左腿，左转腰；右脚收于左脚内侧（可不点地），持剑手外旋至剑下刃向上，走上弧线绕剑至西北约 30°方向，力在剑刃中前部；剑指搭臂；目视剑尖方向（图 3–129）。

2. 上步撩剑

右脚外摆垫步，重心移至右腿，右转腰；持剑手走下弧线由身体左侧向前（东）撩剑，至持剑手略高于额头，剑身斜于体前，剑尖略低，力在剑下刃前部；同时，左脚向右脚前上步，前脚掌着地；剑指搭臂；目视撩剑方向（图 3–130）。

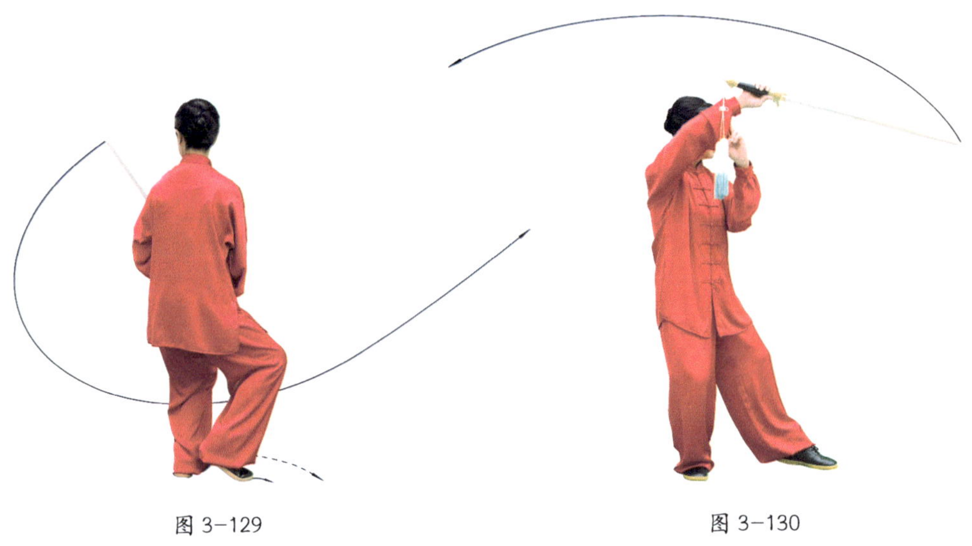

图 3–129　　图 3–130

3. 转体劈剑

腰向右转，剑走上弧线劈至西南约 30°方向，力在剑刃中前部；剑指仍搭臂；目视劈剑方向（图 3–131）。

图 3-131

【动作要点】

（1）绕剑和撩剑时在体侧走一个大立圆，再顺势转体向西南方向劈剑。撩剑时持剑手和剑的挥摆要贴近身体，撩剑到位后剑尖不得高于手腕；撩剑的力为滚动的力，劈剑的力是由上而下的力。

（2）此式幅度和角度大，整个动作要在腰脊的带动下完成。

第七段

第七段

第三十八式 仙童摘果

1. 虚步藏剑

向左后转体（面朝东）成左虚步；屈右臂，持剑手走下弧线提剑于右胯旁，剑身斜于身体右侧，剑尖指向前下方；剑指经胸、腹走下弧线于体前前指，腕约与腹同高，成左虚步藏剑；目视前方（图 3-132）。

图 3–132

2. 藏剑弹踢

左脚摆脚垫步，重心前移至左腿；右脚向前上方弹踢，力在脚尖（图 3–133）。随即小腿收回成左独立步；同时，持剑手上提剑藏于右腿外侧，剑尖向前、略低；剑指前指；目视前下方（图 3–134）。

图 3–133

图 3–134

3. 弓步下刺

右脚向后落步，左脚迅速提起，成右独立步；剑尖指向前下方；目视前下方（图 3–135）；左脚后撤步成右弓步；左转腰，持剑手向前下方刺剑，力注剑尖；剑指撑于身体左侧；目视刺剑方向（图 3–136、图 3–136 附）。

图 3-135

图 3-136　　图 3-136 附

【动作要点】

弓步下刺：右脚下落和左脚提起要此起彼落，也可做成小跳步。

第三十九式 湘子挎篮

1. 上步合手

左脚外摆上步；两臂同时外旋由外向内走上弧线相交于腹前，持剑手在外，剑贴左前臂；目视剑尖方向（图 3-137、图 3-137 附）。重心前移，右脚向后提起；剑指搭腕；目视剑尖方向（图 3-138、图 3-138 附）。

图 3–137

图 3–137 附

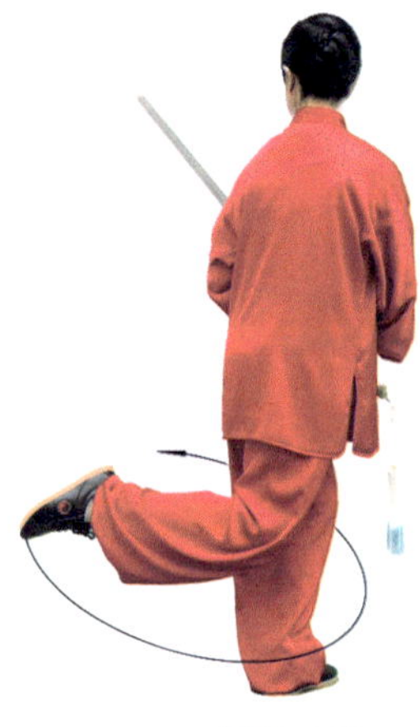

图 3–138

图 3–138 附

2 提膝转体

右腿提膝成左独立步，以左脚前脚掌为轴蹍转 180°（面朝西）；立剑与身体保持平行；剑指搭腕；目视前方（图 3–139）。

图 3-139

【动作要点】

（1）身体向西踉转时，两臂相交动作不变，百会上领，两手下撑；踉转时要合胯提膝，以腰脊带动转体。

（2）独立步要保持稳定，支撑腿的膝关节微屈。

第四十式　撩挑背提

右脚摆脚向前落步，脚跟着地；剑指搭腕；目视剑身（图 3-140）。重心移至右腿，左腿蹬直，脚跟提起；腰向右转，两臂内旋左右分剑，持剑手走下弧线向东北方向撩剑，腕约与胯同高，剑下刃向上，力在剑刃前端；剑指走下弧线至身体左侧，腕高于头顶，手心向下；目视撩剑方向（图 3-141）。右腿缓缓蹬直，左脚向后提起，脚底向上；持剑手外旋上挑，使剑回崩，虎口向上，力在剑刃前端，腕约与胯同高；剑指走上弧线至头左上方，成望月平衡式；目视右后方（图 3-142、图 3-142 附）。

图 3-140

图 3-141

图 3-142

图 3-142 附

【动作要点】

（1）后举腿时上体微前倾，髋关节要微后伸，便于后举腿高举。

（2）成望月平衡式时，右腿蹬直、左腿向后提起、剑指上撑、上崩剑要协调一致并同时到位；腰向后拧转要上下相随、周身一体。

（3）要目随体转。

第四十一式　夜叉探海

持剑手内旋在体前绕立圆，之后劈剑至东北方向的前下方，力在剑刃；同时，剑指外旋在体前绕立圆，撑于头左上方；右腿微屈，左腿随势由后向前扫腿至体前提膝，右腿蹬直成右独立步；目视劈剑方向（图 3–143）。

图 3–143

【动作要点】

（1）两手在体前交叉相对应行走两个大立圆；左腿由后向前扫腿时，重心要下沉，提膝劈剑时右腿下蹬、剑指上撑，以保持重心的稳定。

（2）剑要贴身而行；剑与剑指走立圆时，要对应运行、相系相随、周身一体。

（3）剑指、剑、左腿扫腿、右腿蹬直要协调一致、上下相随、同时进行并同时到位；定式时上体微下探。

第四十二式　张良扯筝

右腿屈膝，左脚向左侧（西）落步屈膝下蹲，右腿伸直，脚尖稍外展成右仆步；持剑手外旋至剑下刃向上，走上弧线抽带至左肋旁，剑为立剑且与胸平行，剑身斜至体前，剑尖斜向上；剑指外旋至体前向右、向下、向左、向上绕立圆撑于头左上方；目视剑尖方向（图 3–144、图 3–144 附）。

图 3-144

图 3-144 附

【动作要点】

（1）带剑和剑指要上下、左右对应运行。

（2）定式时要顶头立腰，松肩落胯，含胸拔背，两脚全脚掌着地，右脚外侧不离地。

第四十三式　提膝点心

重心移至右腿，右腿缓缓蹬直，提左膝成右独立步，左膝外撑，左脚脚尖内收；持剑手向前平刺，力注剑尖；剑指顺剑前指剑尖方向，手心向下；目视剑尖方向（图 3–145）。

图 3-145

【动作要点】

（1）右腿蹬直、提左膝、刺剑要同时到位，剑指顺剑而行。

（2）剑贴胸时为立剑，刺剑时为平剑。

（3）定式时，侧身刺剑，上体微向刺剑方向前探，左腰微向后撑。

第四十四式　力劈华山

向左（西）转体，左脚向前落步，脚跟着地；持剑手外旋带剑至头右侧，剑身斜至身后，剑尖略低；剑指搭臂；目视前方（图 3–146）。左转腰，重心前移成左弓步；持剑手向体前劈剑，力在剑刃，腕约与肩同高；剑指经腹前落于左胯旁，手心向下，指尖向前；目随体转，定式时目视劈剑方向（图 3–147）。

图 3–146　　图 3–147

【动作要点】

（1）向左转体时，要保持身体平稳，不可起伏。

（2）剑指随转腰而行。

第八段

第八段

第四十五式　丹凤甩尾

1. 上步翻剑指

右脚摆脚向前上步，腰向左转；同时，剑指后撤、外旋翻转至手心向上，收于左肋部，剑微向前探；目视前方（图 3–148）。重心前移，持剑手向后撤剑柄于右胯旁，剑尖略高；剑指向前、向上穿至约与额头同高；目视右下方（图 3–149）。

图 3–148　　　　图 3–149

2. 后撩剑

腰向右转，右腿蹬起微屈；同时，左脚向后撩起，力在脚尖；剑向后下方撩击，力在剑刃前端；剑指向前、向上穿至头左上方成托指状；目视撩剑方向（图 3–150）。

图 3-150

【动作要点】

（1）翻转剑指时，剑指在身体左侧向后、向上走后弧线，形成一个小立圆，再向头上方穿行。

（2）托指状的手形：剑指指尖向前，手心向上，拇指压在无名指和小指的第一指节上且要圆撑，手呈平状。

（3）定式时重心要稳定，右腿蹬起微屈，腰向后拧转，剑指向前、向上撑；左腿膝关节微屈成弧形，左脚向后撩起。

（4）此招式为象形动作，如同一只凤凰。剑指托指形似凤头，剑指要高于头，指尖向前；左臂屈肘要有弧度，身体前倾；左脚后撩起与后撩剑形似凤尾。

第四十六式　翻身扑蝶

1. 转体搭腕

右脚以前脚掌为轴，左腿由后向体前扫腿转体，左脚落步于右脚前，右脚即刻提起，成左独立步；剑指走上弧线下落，持剑手走下弧线向上，两手在体前相合，剑身斜竖于身体左侧，剑尖斜向后；剑指搭臂；目视剑尖方向（图 3-151、图 3-151 附）。

图 3-151

图 3-151 附

2. 虚步点剑

右转腰，右脚向前上步成右虚步；持剑手向体前反点剑，剑下刃向上，力注剑尖；剑指仍搭臂；目视剑尖方向（图 3-152）。

图 3-152

【动作要点】

（1）转体扫腿时，重心要下沉，右脚要下蹬，以扫腿之力带动转体。

（2）转体后，左脚落步和右脚提起要轻盈、迅速，也可轻跳、轻落。

（3）虚步点剑：剑要反点在体前的中线上，腕约与胸同高，剑尖要低于手腕。

第四十七式　白蛇吐信

1. 体前劈剑

剑在身体右侧绕一个立圆，之后立剑劈在体前的中线上，剑与肩平，力在剑刃；剑指搭臂；目视前方（图 3–153）。

2. 撤步分剑

右脚向后撤步，重心后移至右腿成左虚步；随重心后移，两手经胸、胯向身体两侧弧形分开、外撑，两腕约与肋同高，手心向下；目视前方（图 3–154）。

图 3–153

图 3–154

3. 提膝抱剑

左脚外摆向前上步，脚跟着地，重心前移成左弓步；右腿向右、向前扫腿至体前，提右膝成左独立步；同时两手外旋走平弧于腹前相合抱剑，两手手心向上，剑指垫于持剑手下；目视前方（图 3–155）。

图 3-155

4. 探海平刺

上体缓缓下探，右腿卷收；上体在探至与地面约成 45°角时，剑向前平刺，力注剑尖；同时，右脚向后上方伸出，力在脚尖；身体继续下探成探海平衡式；目视前方（图 3-156）。

图 3-156

【动作要点】

（1）在身体右侧绕剑，剑要贴身而行。

（2）成探海平衡式时身体呈反弓状，抬头向前看；腰部微向下沉；右脚要向后、微偏左的方向伸出，右腿呈弧线形，不要伸得太直；为保持重心平稳，注意刺剑与右腿之间力的均衡；刺剑和右脚后伸要同时开始并同时到位。

第四十八式 丹凤朝阳

1. 提膝提剑

上体缓缓直起，右腿下落，提膝成左独立步；持剑手内旋收至胸前，剑下刃向前，剑身斜于体前，剑尖向前下方；剑指外旋收于腹前，手心向上；目视前下方（图 3–157、图 3–157 附）。

图 3–157　　图 3–157 附

2. 仰身点剑

上体后仰，右转腰；右膝向上领起、分脚，力在脚尖；持剑手走上弧线向西南方向点剑，腕约与肩同高；剑指走下弧线撑于头左上方，成仰身平衡式；目视点剑方向（图 3–158）。

图 3-158

【动作要点】

（1）仰身平衡式是身法难度较大的动作。身体柔韧性较好的习练者后点剑时，上体可尽量后仰，使身体成仰身平衡式；身体柔韧性一般的习练者后点剑时，上体稍后仰或保持立身中正提膝点剑即可。

（2）保持重心的稳定，一是支撑腿要微屈，二是右膝、右脚与点剑的力点保持均衡，三是剑指上撑以保持平衡。

第四十九式　叶底摘桃

1. 提膝藏剑

上体缓缓直起，收右小腿成左独立步；持剑手提剑收于右腰后部，剑成立剑贴于右腿外侧，剑尖略低；剑指弧形下落指向前方（东）；目视剑指方向（图 3-159）。

2. 丁步下刺

左腿屈膝，右脚向前扣脚落步，脚尖尽量内扣，重心移至右腿；同时，左脚收于右脚内侧，脚尖点地成左丁步；持剑手随转体向右（东）下方刺剑；剑指收于左胯旁；目视刺剑方向（图 3-160）。

图 3–159　　图 3–160

【动作要点】

（1）向左转体和刺剑要同时到位，要以腰带动转体和刺剑。

（2）定式时，面向起势的背面（北）；上体正直，肩要松沉。

第五十式　饿虎扑食

1. 转体举剑

向左（西）转体，左脚向前上步，脚跟着地；两臂同时外旋画弧举至身体两侧，手心均向上；剑身斜至身后，剑尖略低；目视前方（图 3–161）。

图 3–161

2. 并步点剑

重心前移成左弓步，同时两臂走上弧线在体前相合沉腕砍剑，力在剑刃后部；剑指搭腕；目视砍剑方向（图 3–162）。右脚上步并于左脚内侧，同时提腕点剑，力注剑尖；剑指搭腕；目视点剑方向（图 3–163）。

图 3–162　　　　图 3–163

【动作要点】

弓步和砍剑、并步和点剑要同时到位。

第九段

第九段

第五十一式　金鸡独立

1. 撤步抽剑

右脚向后撤步，前脚掌着地，重心后移至右腿，随之向右转体，右脚内蹍至脚尖向北，左脚脚尖内扣；持剑手抽剑至右腹旁，剑成立剑斜于体前，剑尖高于剑柄；剑指搭腕；目视剑尖方向（图 3–164）。

图 3-164

2. 丁步崩剑

左脚收于右脚内侧，脚尖点地成左丁步；持剑手顺势向后（东）反撩剑，随即手臂外旋至剑上刃向上，立剑上崩，力注剑尖，腕约与胯同高；剑指仍搭腕；目视崩剑方向（图 3-165）。

3. 独立反刺

右脚脚尖微内扣，身体微左转，右腿蹬直，提左膝成右独立步；持剑手持剑经头右上方向前（西）反手刺剑，力注剑尖，成独立反刺剑，剑尖略低；剑指经右肩内侧随转体向前（西）指出；目视前方（图 3-166）。

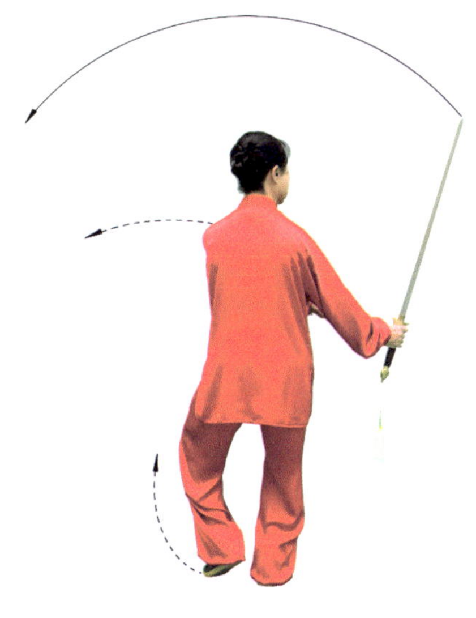

图 3-165

图 3-166

【动作要点】

（1）丁步崩剑：上崩剑和左脚内收要同时到位。

（2）定式时，右腿自然蹬直，左脚脚尖自然下垂，膝与腰平或高于腰；上体保持中正，下颌回收，顶头竖项；左膝与左肘上下基本相对。

第五十二式　大车抡剑

1. 体侧挂剑

右膝微屈，左转腰，持剑手向前走下弧线向左腿外侧挂剑；屈左臂，剑指搭臂；目视挂剑方向（图 3–167）。

图 3–167

2. 上步举剑

左脚向西南方向落步，脚跟着地；持剑手内旋至剑下刃向上，举剑至额前上方；剑指收于腹前，手心向上；目视右前方（图 3–168）。

3. 弓步劈剑

重心前移成左弓步，向右前方劈剑，力在剑刃；剑指经左腰走下弧线举至头左上方；目视劈剑方向（图 3–169）。

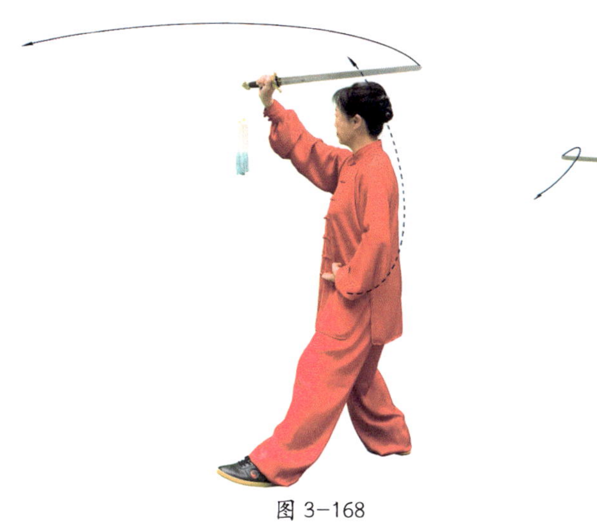

图 3-168

图 3-169

【动作要点】

（1）挂剑时，左膝要上提里合，两肩微内裹；要贴左胯挂剑。

（2）弓步劈剑：剑、臂成一条线。

第五十三式　坐步反扫

1. 上步带剑

腰向左转，右脚向左脚前（西）扣脚上步，脚跟着地，左脚脚尖向外展；持剑手外旋带剑至身体右侧，手心向上，腕约与肩同高，剑尖斜向后；剑指外旋经胸走下弧线收于左腰旁，手心向上；目视剑柄方向（图 3-170）。

图 3-170

2. 歇步扫剑

以右脚脚跟为轴扣脚，向左转腰转体；持剑手随转体向左（东）带剑，手心向上，剑尖挥摆至东北方向；剑指仍收于左腰旁；目视剑尖方向（图 3–171、图 3–171 附）。重心后移，左脚向右脚后插步，持剑手内旋扣剑；两腿屈膝下蹲成歇步；持剑手随屈膝下压剑，腰向右转，向西南方向扫剑，剑柄至身体右后侧，剑尖扫至身体右侧，力在剑刃；同时，剑指经右肩内侧向头左上方伸出，手心斜向上；上体微向右倾；目视剑柄方向（图 3–172）。

图 3–171

图 3–171 附

图 3–172

【动作要点】

（1）此式转腰带剑幅度比较大，要注意步法的虚实转换和以腰腿之力带剑，带剑要平稳，速度要均匀；剑尖挥摆至东北方向。

（2）腰向左转、右脚上步、剑指收于左腰旁要同时到位；左脚后插步与扣剑要同时到位；歇步、扫剑、剑指伸出要协调一致并同时到位。

（3）扫剑要力在剑刃，用滚动的力。

（4）扫剑由高到低，要以腰带剑。

第五十四式　仙人披衣

1. 直体云剑

上体直起；两手同时向内走弧线相合于胸前，右手手心向下，交剑；左手剑指变掌，掌心向上，接剑，剑身置于左前臂上，剑尖略高；右手剑指附于剑柄内侧；目视剑尖方向（图 3–173）。

2. 转体云剑

两腿缓缓蹬直，以两脚前脚掌为轴向左后方蹍转；同时，抬头仰身，剑贴胸部和面部，剑指推剑柄，持剑手以腕关节为轴向左、向后、向右、向前旋转一周云剑，力在剑刃；目视云剑（图 3–174）。两脚继续蹍转向左（西），之后举剑至头左前上方，剑身贴于左臂，剑尖斜向后，持剑手手心斜向前；同时，左脚向前垫步，脚跟着地；剑指落于体前，手心向上；目随体转（图 3–175）。

图 3–173

图 3–174

2. 上步压剑

重心前移至左腿，右脚上步，脚跟着地；持剑手下落于体前，腕与肩同高，手心向下；剑指后撤于右腰旁，手心向上；目视前方（图 3–176）。

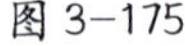

图 3–175

图 3–176

【动作要点】

（1）转体云剑：边起身边向上云剑，重心要螺旋上升；左脚垫步、举剑、剑指下落于体前要协调一致并同时到位。

（2）上步压剑：右脚上步、持剑手下落于体前和剑指后撤于右腰旁要同时到位。

第五十五式　侠公背剑

1. 转体插步

腰向左转，右脚脚尖内扣，重心前移至右腿成右弓步；剑指走下弧线向前（西）、向上托，腕与肩同高；持剑手下压剑落于右肩内侧；目视剑指方向（图 3–177）。向左（东）转腰转体；左脚插步于右脚后，前脚掌点地；剑柄下按于左腹旁，剑贴前臂，剑身斜竖于体前；剑指收至右耳侧；目视左前方（图 3–178）。

图 3–177

图 3–178

2. 歇步前指

腰向左转，两腿屈膝下蹲成歇步；左手反手持剑格带至左胯旁，剑刃方向为正东正西；剑指向前指出；目视前方（图 3–179）。

图 3–179

【动作要点】

（1）左脚插步、剑柄下按于左腹旁与剑指收至右耳侧要同时到位。

（2）歇步前指：要坐胯转腰，以搂膝带动格剑和剑指前指。

第五十六式　野马奔槽

1. 弹踢举剑

持剑手向前提剑柄，再屈肘带至右胸前向右手交剑；剑指外旋至手心向上，走下弧线在胸前接剑，剑为平剑，剑尖向右前；目视接剑方向（图 3–180）。左手变剑指附于剑身的根部，手心向内；两腿缓缓蹬起；持剑手向上提剑至右肩前，手心向内；目视前方（图 3–181）。剑指用指背从剑身的根部向剑尖滑动，剑指滑出剑尖后，手心向前；同时举剑至头右上方，持剑手内旋翻转至剑下刃向上；同时，右腿蹬直，左脚向前上方弹踢，力在脚尖；目视前方（图 3–182）。

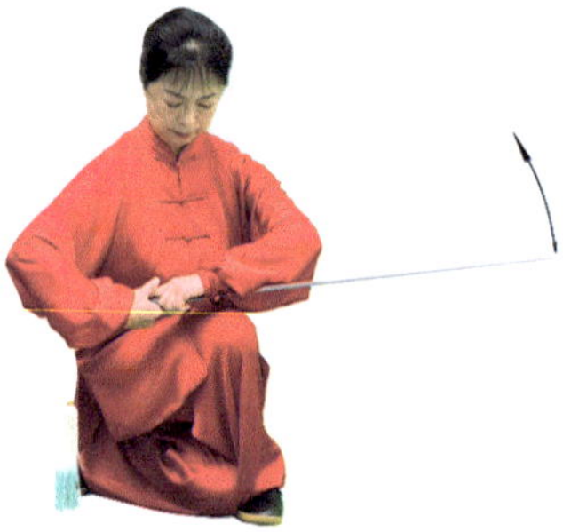

图 3–180

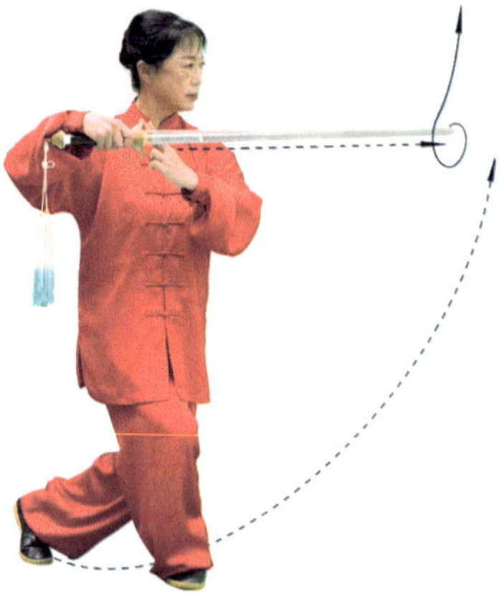

图 3–181

图 3–182

2. 弓步下刺

左脚下落收回，右膝微屈，左脚随即向前落步，脚跟着地；剑指下落向前下方指出；持剑手下落外旋收于右腰旁，剑尖指向前下方；目视前下方（图 3–183）。重心前移至左腿，左转腰，弓步下刺；剑指搭臂；目视剑尖方向（图 3–184）。

图 3-183

图 3-184

3. 跳步刺剑

腰向左转，右脚向前跳步，左脚向后提起；同时，持剑手向体前上格剑横于额前，剑下刃向上；剑指按于腹前，手心向下；目视前方（图 3-185）。腰向右转，左脚向前上步，脚跟着地，剑指指向前下方；持剑手收于右腰旁；目视前下方（图 3-186）。重心前移至左腿，左转腰，弓步下刺；剑指搭臂；目视前下方（图 3-187）。

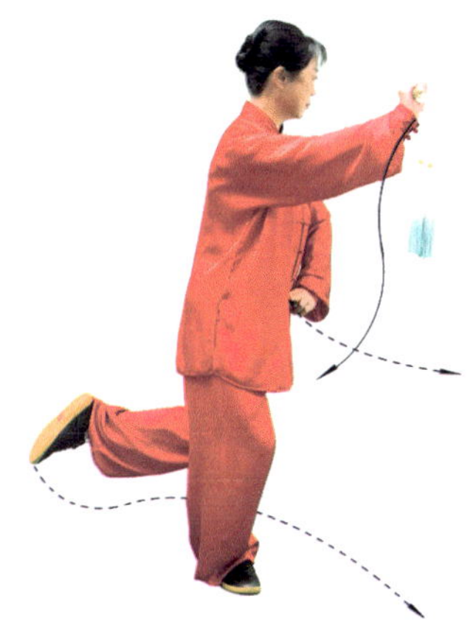
图 3-185

图 3-186

图 3-187

【动作要点】

（1）剑指从剑身的根部向剑尖滑动（洗剑）时，剑指手心向后徐徐内旋，在定式时转至手心向前。

（2）弹踢举剑：起身、洗剑、上举翻剑与左脚弹踢 4 个动作要协调一致。持剑手内旋上举翻剑，剑由平剑转立剑至剑下刃向上。

（3）跳步刺剑：左脚向后提起、上格剑与剑指按于腹前要同时到位；可跳步刺剑，也可上步刺剑，要轻起轻落。

第十段

第十段

第五十七式　侠公佩剑

重心后移至右腿，腰向右转，扣左脚；抽剑柄至左腰旁，剑尖至身体左侧下方（东）；剑指继续搭臂，成佩剑式；目视剑尖方向（图 3-188）。

图 3-188

【动作要点】

左臂要圆撑。

第五十八式 反扫金莲

腰向右转，右脚外摆成右弓步，重心下沉，身体微向前俯；两手分剑，持剑手随转腰从左向右弧线扫剑至身体前下方（西），手心向上，力在剑刃前端；同时，剑指向后、向上摆至身体左后上方，手心斜向上；目视剑尖方向（图 3-189）。

图 3-189

【动作要点】

扫剑时，剑尖离地面约 10 厘米。

第五十九式　卧虎挡门

1. 撤步带剑

腰向右转，重心后移至左腿，右脚向后撤步，前脚掌着地；持剑手内旋至剑下刃向上，带剑至体前，腕约与额头同高，剑身斜于体前；剑指走上弧线搭臂；目视前下方（图 3–190）。

图 3–190

2. 后撤坐盘

重心后移至右腿，左脚向后撤步，小腿及脚面仆地，臀部坐在左脚的内侧；右脚脚尖内扣成坐盘步，同时上体向前俯身；剑向后抽带至右肩后侧，剑下刃向上，力在剑刃，剑尖指向前下方；剑指经右肩内侧弧形指向前下方，手心向右；目视剑指方向（图 3–191、图 3–191 附）。

图 3–191　　图 3–191 附

【动作要点】

（1）撤步带剑：右脚撤步与带剑、剑指搭臂要同时到位。

（2）坐盘时，左脚尽量后撤；坐盘、向后抽剑、剑指前指时上下肢要协调并同时到位。

（3）定式时，握剑要松活，不断变换握法；剑尖及剑指指向同一个方向。

第六十式 跨虎蹬山

1. 跪步前刺

右脚脚尖外摆，腰向左转，重心前移成左跪步，上体直起；持剑手向前下方刺剑，力注剑尖；剑指搭臂；目视剑尖方向（图 3–192）。

图 3–192

2. 弓步劈剑

起身，左脚向西南方向上步；持剑手内旋举剑至头左前上方；剑指走下弧线落于腹前，手心向上；目视剑柄方向（图 3–193）。重心前移成左弓步，向西北方向劈剑，力在剑刃中前部，剑尖略比肩高，剑、臂成一条线；剑指经胯走下弧线撑于头左上方；目视劈剑方向（图 3–194）。

图 3-193　　图 3-194

【动作要点】

（1）跪步前刺：重心前移、身体直起和刺剑要同时到位，要以腰的带动完成此动作。

（2）弓步劈剑：劈剑和剑指要同时到位，要协调对应运行。

第六十一式　猿猴舒臂

1. 上步抱剑

腰微向左转，右脚向左脚前上步，前脚掌着地；两手同时外旋走下弧线相合于腹前抱剑，剑尖斜向右上方；剑指附于剑柄，两臂圆撑；目视前方（图 3–195）。

2. 转腰刺剑

腰向右转，身体微后仰；持剑手向后（东北）上方刺剑，力注剑尖；剑指随剑上刺至右肩内侧；目视剑尖方向（图 3–196、图 3–196 附）。

图 3-195

图 3-196　　图 3-196 附

【动作要点】

（1）转腰时，剑贴右上臂刺出；要以转腰带动刺剑，刺出的剑为侧立剑；剑指助力，要顺剑而行。

（2）定式时，右臂及剑尽量成一条斜线。

第六十二式　青龙探爪

1. 绕剑上步

重心前移；剑在身体右侧绕一个立圆，力在剑刃中前部，剑提收至右腰旁，剑尖指向前下方；同时，剑指经胸腹走下弧线前指；左脚向前上步；目视前下方（图 3–197）。

2. 弓步下刺

腰向左转，重心前移成左弓步；向前下方刺剑，力注剑尖；屈左臂，剑指搭臂；目视前下方（图 3–198）。

图 3–197　　图 3–198

【动作要点】

绕剑上步：要先绕剑，左脚再向前上步；左脚上步、剑收至右腰旁与剑指前指要协调一致并同时到位。

第六十三式　金鸡独立

1. 后坐抽剑

腰向右转，重心后移至右腿；左脚脚尖上翘，扣左脚；抽剑至右胯旁；剑指仍搭臂；目视剑尖方向（图 3–199、图 3–199 附）。

图 3-199

图 3-199 附

2. 提膝架剑

提左膝成右独立步；持剑手外旋至剑下刃向上，上举剑至头右上方，力在剑刃；剑指搭臂；目视前方（图 3-200）。

图 3-200

【动作要点】

定式时，顶头立腰，沉肩落胯，剑尖略低。

第十一段

第十一段

第六十四式　犀牛望月

1. 摆脚挂剑

屈右膝，左脚摆脚向前落步，脚跟着地，左转腰，重心前移成左弓步；同时，剑指向前、向下经小腹前走下弧线领带至左后方（东），约与胸同高，手心斜向外；持剑手随剑指走下弧线挂剑，剑柄收至右腹外侧，手心向内，剑尖向左（东）；目随体转，定式时目视剑指方向（图 3–201）。

2. 合臂刺剑

剑指经头上方走上弧线绕至右肩前，手心向内；同时，剑经腹前走上弧线向后立剑刺出，手心向内；两臂合抱，持剑手臂在外，剑指手臂在内；目视剑尖方向（图 3–202）。

图 3–201

图 3–202

3. 俯身带剑

持剑手内旋至剑下刃向上，经头上方走上弧线带剑至头右上方，腕略高于头；同时，剑指向后平指至左后方，腕约与肩平；前俯身，右脚提起，后转腰，成望月平衡式；目视剑指方向（图 3–203）。

图 3-203

【动作要点】

（1）犀牛望月的动作路线：剑指走一个大椭圆；剑在剑指的领引下，通过挂剑、刺剑和带剑也走一个大椭圆；剑指最后沿椭圆的中线向后指出；两臂要交叉对应运行。

（2）定式为望月平衡式。前俯身、右脚提起、后转腰要同时到位。

（3）习练者可根据自身条件调整动作幅度的大小。

第六十五式 转身舒臂

1. 落脚搭腕

右脚下落，前脚掌着地，腰向右转；同时，剑经头走下弧线移至右肩上方，剑落于右肩上方，剑尖向后；剑指随势搭腕；目视前方（图 3-204）。

2. 转体收剑

重心后移至右腿，向右后方转体，扣左脚、摆右脚；剑收于左腰部，剑指附于剑柄；目视前方（图 3-205）。

图 3-204

图 3-205

3. 弓步刺剑

弓步刺剑，腕与胸同高，手心向上，力注剑尖；同时，剑指经腰部走后弧线撑于身体左侧，腕与肩同高；目视剑尖方向（图 3-206）。

图 3-206

【动作要点】

（1）右脚下落的同时右转腰，两脚的间距要适当。

（2）要随转腰移剑，剑落于右肩上方为立剑；右脚落步、剑落于右肩上方、剑指搭腕要同时到位。

第六十六式　乌龙摆尾

1. 撤步绞剑（1）

重心后移至左腿，右脚前脚掌蹍转至脚尖向前；剑指撑于体侧；目视前方（图 3-207）。右脚向后撤步，前脚掌着地；持剑手绞剑，剑尖绞左侧半圆，力在剑刃前端；剑指撑于体侧；目视剑尖方向（图 3-208）。重心后移至右腿，左脚前脚掌蹍转至脚尖向前；持剑手绞剑，剑尖绞右侧半圆，力在剑刃前端；剑指撑于体侧；目视剑尖方向（图 3-209）。

图 3-207

图 3-208　　图 3-209

2. 撤步绞剑（2）

左脚向后撤步，前脚掌着地；持剑手绞剑，剑尖绞左侧半圆，力在剑刃前端；剑指撑于体侧；目视剑尖方向（图 3–210）。重心后移至左腿，右脚前脚掌蹍转至脚尖向前；持剑手绞剑，剑尖绞右侧半圆，力在剑刃前端；剑指撑于体侧；目视剑尖方向（图 3–211）。

图 3–210　　图 3–211

3. 撤步绞剑（3）

右脚向后撤步，前脚掌着地；持剑手绞剑，剑尖绞左侧半圆，力在剑刃前端；剑指撑于体侧；目视剑尖方向（图 3–212）。重心后移至右腿，左脚前脚掌蹍转至脚尖向前；持剑手绞剑，剑尖绞右侧半圆；力在剑刃前端；剑指撑于体侧；目视剑尖方向（图 3–213）。

图 3–212　　图 3–213

【动作要点】

（1）此式是退步中的防守动作。绞剑：剑尖向左、向下、向右、向上绕环，与剑柄对应运行成双圆锥形；剑尖与剑柄绕环的圆周，直径约为 30 厘米。绞剑要以腰带肩、肩带臂、臂带腕进行，剑尖逆时针绕环走圆。

（2）步法要虚实分明，步法与绞剑要协调一致，退步不易过大，绞剑要完整连贯、上下相随。

（3）握剑要松活，腕肘要松活，剑尖随着撤步要螺旋式后撤。

第六十七式 金童献宝

1. 转腰合手

腰向右转；持剑手内旋至手心向下至腹前，剑尖指向体前下方；剑指外旋走上弧线收于剑身的根部，手心向内；目视剑尖方向（图 3–214）。

2. 转腰洗剑

腰向右后上方转闪成右侧弓步；同时，抽剑至右肩后上方；剑指用指背沿剑身向前滑动至剑尖前，手心侧向上，力在剑刃；目视剑指方向（图 3–215）。

图 3–214　　图 3–215

3. 跪步崩剑

左脚外摆垫步，重心前移，右腿屈膝跪地成右跪步；持剑手经右胯走下弧线向体前下方抄刺、顺势上崩剑，剑尖约与头同高，力在剑刃前端；屈左臂，剑指搭腕；目视剑尖方向（图 3–216）。

图 3–216

【动作要点】

（1）转腰洗剑：腰向右后上方转闪是侧拉腰；洗剑时，要在剑指从剑身的根部向剑尖方向滑动的同时抽剑。

（2）跪步崩剑：右腿跪步、崩剑、剑指搭腕要同时到位；上崩剑为平剑，崩剑时，拇指压在剑格上，其余四指螺形卷握；抖腕上崩剑，不用猛力。

第六十八式　倒打金冠

重心微前移，右脚后撤，脚面着地仆平，上体后仰；同时，剑指附于持剑手；双手持剑贴胸腹再经头上向后平刺至头后方，力注剑尖；目视剑尖方向（图 3–217）。

图 3–217

【动作要点】

（1）上体后仰，左脚支撑要稳，尾椎、腰椎、胸椎依次后仰。

（2）习练者可根据自身条件，加大动作难度或从简练习。

第六十九式　饿虎扑食

1. 起身劈剑

上体缓缓直起，持剑手向体前立剑劈剑，力在剑刃；剑指搭腕，腕与肩同高；目视前方（图 3–218）。

图 3–218

2. 上步分剑

起身，右脚向前上步，脚跟着地；两手同时外旋走下弧线，经胯左右分开至身体两侧，腕与肩同高；剑身斜至体后，剑尖略低；目视前方（图 3–219）。

图 3–219

3. 并步点剑

重心前移成右弓步，两手同时走上弧线在体前相合沉腕；剑指搭腕；目视剑尖方向（图 3-220）。左脚向右脚并步；提腕点剑，力注剑尖；目视剑尖方向（图 3-221）。

图 3-220　　图 3-221

【动作要点】

并步和点剑要协调并同时到位；点剑要先沉腕，再提腕。

第十二段

第十二段

第七十式和第七十一式　左右提挑和凤凰开屏

1. 独立架剑

右脚向后撤步，重心移至右腿；腰向右转，扣左脚，抽剑至腹前；剑指搭腕；目视剑尖方向（图 3-222）。提左膝成右独立步，架剑至头右上方；剑指仍搭腕；目视前方（图 3-223）。

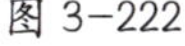

图 3-222

图 3-223

2. 左挂剑

屈右膝，左脚摆脚于体前落步，重心前移至左腿；左转腰，持剑手外旋剑走下弧线在身体左侧向下、向后、向前绕立圆挂剑，之后抱剑于左腰部，剑尖斜向前上方；剑指搭腕；随即提右膝成左独立步；目随体转（图 3–224、图 3–224 附）。

图 3-224

图 3-224 附

3. 右挂剑

屈左膝，右脚摆脚于体前落步；右转腰，持剑手内旋剑走下弧线在身体右侧向前、向下绕立圆挂剑；剑指搭腕；目视剑尖方向（图 3–225）。重心前移至右腿，两手至腹前向体后挂剑；剑指搭腕；目视剑尖方向（图 3–226）。两手前后内旋分剑，剑指经腹前走下弧线至胸前前指；剑顺势向后、向上、向前反刺至体前，剑尖略低；上体前俯，左腿缓缓向后举起成燕式平衡式；抬头，目视前方（图 3–227）。

图 3–225

图 3–226

图 3–227

【动作要点】

（1）左右提挑和凤凰开屏两个招式动作衔接比较紧密。左右提挑：剑在身体两侧绕两个大立圆挂剑，挂剑要贴身而行；定式为凤凰开屏，分剑时两手要对应前后运行。

（2）握剑要根据剑法的需要，不断变换握法。

（3）定式时，指尖和剑尖上下基本相对；反手刺剑、剑指前指和后举腿要同时到位。

（4）做燕式平衡式时，习练者可根据自身条件调整动作幅度。

第七十二式　古树盘根

1. 上步分剑

上体缓缓直起，左脚下落，向东南方向摆脚上步；两手同时外旋走上弧线落于两肩外侧，腕约与胸同高，手心向前；剑斜于体侧；目视前方（图 3–228）。

图 3–228

2. 弹踢撩剑

重心前移至左腿，右脚向东南方向弹踢，力在脚尖；两手同时走下弧线向上撩剑至体前，剑下刃向上，力在剑刃前端，持剑手腕与肩同高，手心向上；剑指托于右前臂内侧，手心向上；目视撩剑方向（图 3–229）。

图 3–229

3. 坐盘刺剑

右脚扣脚落步，重心右移，屈右膝，左脚向右脚后插步成坐盘步；上体微向右倾；剑顺势在体前绕立圆再向东南方向反手下刺，剑下刃向上，随即持剑手外旋翻转至剑尖成侧平剑，力在剑刃前端；同时，剑指从右肩内侧向头左上方伸出，手心向前；目随体转，定式时目视剑尖方向（图 3–230、图 3–230 附）。

图 3–230　　图 3–230 附

【动作要点】

（1）此式两手在体侧绕两个大立圆，之后持剑手顺势绕立圆下刺。

（2）坐盘刺剑要先向左转体，再向右转体，以腰带剑。

（3）剑指向头左上方伸出和下刺剑要同时开始、同时到位。

（4）定式时，坐盘、翻剑要同时到位。

第七十三式 顺风扫叶

1. 起身砍剑

上体直起，左转腰；两手同时内旋走上弧线在体前相合，两手手心向下，剑指搭腕；剑身斜置于体前，剑尖稍滞后；目视剑尖方向（图 3–231）。边起身边向前、向上、向后绕剑，顺势砍剑至东北方向，力在剑刃后部；同时，腰向右转，左脚向西北方向上步，脚跟着地；剑指搭腕；目随体转，定式时目视砍剑方向（图 3–232）。

图 3–231

图 3–232

2. 弓步扫剑

重心左移成左弓步；剑走下弧线向西北方向扫剑，力在剑刃中前部，剑尖略比头高；剑指经腹前走下弧线向左后绕撑于身体左侧，腕与肩同高；目视扫剑方向（图 3-233）。

图 3-233

【动作要点】

（1）剑在体前绕一个立圆，砍剑和扫剑要以腰带动肩、臂、肘、手运行。

（2）扫剑的角度由东北至西北方向，扫剑的路线由下向上呈弧形。

第七十四式　倒提金龙

1. 上步合手

右脚向前上步，脚跟着地；两手在体前相合，持剑手内旋成立剑，剑上刃向上，剑身斜于体前，剑尖仍向西北方向，腕与肩同高；剑指搭臂；目视前方（图 3-234）。

2. 提膝后截剑

右脚外摆，重心前移至右腿，提左膝成右独立步；剑走上弧线经右肩向右后下方截剑成倒立剑，力在剑刃前端；右转腰，上体微后仰；剑指搭臂；目视截剑方向（图 3-235）。

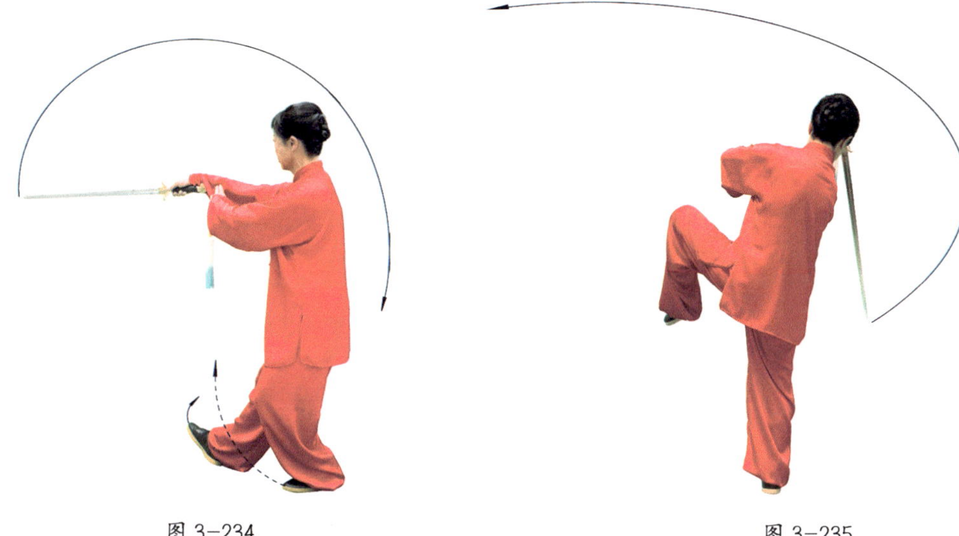

图 3-234　　图 3-235

【动作要点】

截剑定式时，两臂圆撑，沉肩坠肘，两肘略低于肩；左肘、左膝与持剑手保持动作的平衡及稳定。

第七十五式　云龙献爪

1. 独立劈剑

上体直起，并向西北方向劈剑，力在剑刃，腕与肩同高；剑指仍搭臂；目视劈剑方向（图 3-236）。

图 3-236

2. 弓步反刺

左脚向前落步，脚跟着地；同时，持剑手内旋走下弧线抽剑，经右腰部提至右肩外侧成反手持剑，剑下刃向上；剑尖指向西北方向的前上方；目视剑尖方向（图 3–237）。重心前移至左脚，左转腰，弓步上刺，力注剑尖；剑指搭臂；目视刺剑方向（图 3–238）。

图 3–237

图 3–238

【动作要点】

左脚上步和提剑至右肩外侧要同时到位，弓步和刺剑要同时到位。

第七十六式　单鞭锁喉

1. 仰身云剑

重心后移至右腿，上体微后仰；剑柄下落至胸前；剑在面前逆时针画弧云剑，力在剑刃前部，剑身斜于体前，剑尖向右上方，剑柄至身体右侧，腕约与肩同高；同时剑指经腹前逆时针画弧与剑对应绕环至身体左侧，腕与腹同高；目视前上方（图 3–239）。

2. 弓步云抱

重心前移成左弓步；持剑手外旋走下弧线，剑指走上弧线在左腰部相合成弓步抱剑；持剑手手心向内，剑为立剑，剑尖向西北约 45°方向；剑指附于剑柄；目视剑尖方向（图 3–240）。

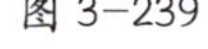
图 3-239

图 3-240

【动作要点】

（1）要以身带剑。

（2）云剑时，剑要贴面运行，剑与剑指在体前对应绕圆，要上下相随，协调配合。

（3）定式时，弓步抱剑、右手持剑与剑指要同时到位。

第十三段

第十三段

第七十七式　回身舒臂

1. 提膝上刺

提右膝成左独立步；剑向西北约 45°方向上刺；剑指搭腕；目视剑尖方向（图 3-241）。

2. 转身后刺

抽剑至左腰部，剑指附于剑柄成提膝抱剑式，剑尖指向右上方；目视前方（图 3-242）。腰向右转，右脚向左、向前蹬踹摆脚落步至左脚前，脚跟着地；同时提剑柄，剑面贴右上臂，剑走下弧线向后（东）；剑指附于剑柄；目视前方（图 3-243）。重心前移至右腿，腰向右转，左脚脚跟提起；剑

图 3-241

向后平刺，力注剑尖，腕与肩同高；剑指经左胸走上弧线撑于头左上方；目视剑尖方向（图 3-244）。

图 3-242

图 3-243

图 3-244

【动作要点】

（1）右脚蹬踹，力在脚跟。

（2）后刺剑，剑先贴上臂再刺出，贴上臂时为立剑，刺出时为平剑。

（3）定式时，重心右移、腰向右转、剑向后刺、剑指上撑要同时进行并同时到位；腰向后拧转。

第七十八式　白袍铡草

1. 上崩剑

持剑手内旋成立剑；沉腕，剑柄约与胯同高，立刃向上回崩剑，力在剑刃前端；同时，剑指走弧线下落至右胸前；目视剑尖方向（图 3–245）。

2. 转身挂剑

两脚以前脚掌为轴，向左后方转体 180°，重心移至左腿成左弓步；同时，持剑手经头前上方向西、随转体至起势方向、经膝前再向东北方向挂剑、上挑剑，力注剑尖；剑指随挂剑裹身，在转体至起势方向时，要先于剑顺势走下弧线向东北方向，绕立圆与持剑手相合于腹前，剑指搭臂；目视右前下方（图 3–246）。

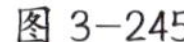

图 3–245

图 3–246

3. 虚步反刺

右脚向前（起势方向）摆脚上步，前脚掌着地；同时，剑借势走上弧线反手刺剑至右脚前外侧，力注剑尖；剑指搭臂；目视剑尖方向（图 3–247）。

4. 转体截剑

右脚以前脚掌为轴，脚跟内蹍，重心前移至右腿；向右转体 180°，左腿提膝落步于右脚前（北）成左盖步；剑走弧线在身体右侧绕立圆，截剑于左胯旁，力在剑刃中部；剑指仍搭臂；目视截剑方向（图 3–248）。

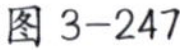

图 3-247

图 3-248

【动作要点】

（1）上崩剑：要立剑，用剑尖上刃由下向上沿腕回崩；要百会上领，沉肩落胯。

（2）转身挂剑：向左后方转体 180°挂剑至东北方向，行走一个大立圆（约 360°）。此动作幅度比较大，要以腰腿之力和转动之势带动挂剑，不要只用手腕或肩臂之力；弓步、上挑剑、剑指搭臂要协调配合并同时到位。

（3）虚步反刺：要顺势反刺剑。

（4）转体截剑成盖步时要合胯；截剑的剑身为正南正北方向。

（5）此式身法要灵活，剑法要流畅，势势相随，不能断劲。

第七十九式　转身探海

两脚以前脚掌为轴，微仰身向右后转体约 180°至起势方向，提左膝成右独立步；持剑手随转体走下弧线带剑向西南方向的下方抡劈剑，剑尖约与右膝同高，力在剑刃中前部；剑指经左胯走上弧线撑于头左上方；目视劈剑方向（图 3-249）。

图 3-249

【动作要点】

（1）转体时，以腰带剑，剑要裹身由胯至腰再至肩带至头前上方，再劈剑。

（2）定式时，上体向劈剑方向微下探；劈剑、剑指上撑、提左膝要同时到位。

第八十式 青龙探爪

1. 转体提剑

向左转体，提剑至右胯侧，剑指收于右肩内侧；目视左下方（图 3-250）。

图 3-250

2. 虚步刺剑

右腿屈膝，左脚向东北方向摆脚上步；持剑手外旋，剑柄卷收于腰部，剑指走下弧线指向东北 45°前下方；目视剑指方向（图 3–251）。重心前移至左腿，右脚向前上步，前脚掌着地成右虚步；左转腰向东北 45°方向下刺剑，力注剑尖；屈左臂，剑指搭臂；目视剑尖方向（图 3–252）。

图 3–251

图 3–252

【动作要点】

虚步刺剑：走下弧线剑指要有领引的意识；下刺剑要转腰合胯；剑尖、剑指、目视的方向一致。

第八十一式　天边挂月

1. 转腰托剑

腰向左转；持剑手外旋至剑下刃向上，托剑至面前；剑指外旋收于腹前，手心向上；目视剑尖方向（图 3–253）。

图 3–253

2. 撤步带剑

腰微左转，再右转；持剑手内旋至剑上刃向上，经额前在身体右侧绕圆带剑至右腰部，手心向下，剑身斜于体侧，剑尖向东北 45°方向，力在剑刃；剑指外旋经胯走左侧弧绕至体前，手心向上，腕与肩同高；同时，右脚向西南撤步；目视剑指方向（图 3–254）。

3. 插步反撩剑

重心后移至右腿；右腿屈膝，左脚向右脚后插步，脚面着地；臀部坐在左脚内侧上，右脚脚尖回勾，上体右转，左肩下沉，折叠成坐盘步；剑走下弧线撩剑至西南约 45°上方，力在剑刃前端；同时，剑指走上弧线落于右肩内侧；目视剑尖方向（图 3–255）。

图 3–254

图 3–255

【动作要点】

（1）剑指要与持剑手对应运行。

（2）定式时，身体要拧转、折叠成螺旋状。

（3）此式为卧鱼式，整个动作要在腰的带动下完成。

第八十二式　回身刺睛

1. 起身绕剑

上体边直起、剑边下落，剑约与肩平时，持剑手在体前绕一剑花，之后外旋至手心向下，剑收于胸前，剑尖向东北方向，交剑；剑指随起身下落于胸前变掌，外旋至手心向上，接剑，左前臂托剑；右手变剑指附于剑柄；目视剑尖方向（图 3-256）。

图 3-256

2. 旋转云剑

右脚外摆，两腿缓缓蹬起成半歇步；左前臂托剑，剑指附于剑柄；目视剑尖方向（图 3-257）。两脚以前脚掌为轴，身体边起边向左后旋转；抬头仰身刺剑，剑柄至胸前，剑尖与眼同高；剑指搭腕；目视剑尖方向（图 3-258）。上体继续后仰；同时，向上云剑至头上方平圆绕环，力在剑刃前端及剑尖；目视云剑方向（图 3-259）。随即向西北方向下压剑，腕与肩同高；剑指随云剑附于剑柄，随后落于右腰部；随之重心右移成右侧弓步；目视压剑方向（图 3-260）。

图 3-257

图 3-258

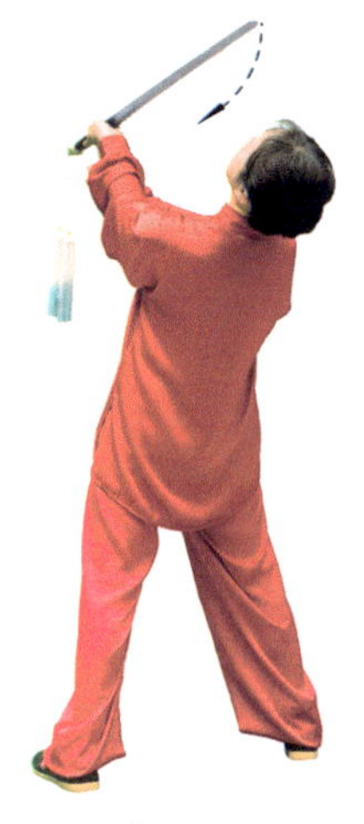
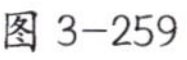

图 3-259

图 3-260

【动作要点】

（1）旋转云剑：剑随身体旋转上升，要螺旋式上行至头顶前上方，再向下压剑与肩平。

（2）云剑后的压剑与侧弓步要同时到位，侧弓步两脚脚尖朝西北方向。

（3）剑指附于剑柄，助推剑柄向头前上方云剑。

收势

左脚向右后方撤步，前脚掌着地；持剑手收于右腹前，剑贴前臂；剑指收于右腰部；目视剑柄方向（图 3-261、图 3-261 附）。两脚以前脚掌为轴向左蹍转

图 3-261

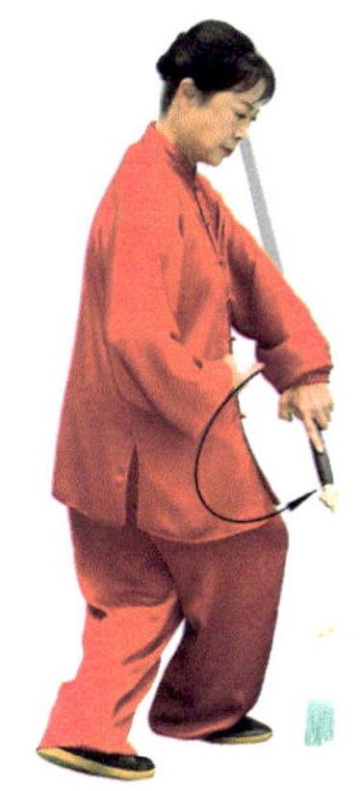

图 3-261 附

至起势方向；搂剑至身体左侧，重心移至左腿；同时，剑指在体侧向后、向右、向前旋走一平圆，剑指下按于右胯旁，手心向下，指尖向前；目视剑指方向（图 3–262）。右脚并步于左脚内侧，两腿缓缓蹬直，剑指下落垂于体侧；目视前方；还原成预备势（图 3–263）。

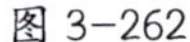

图 3–262

图 3–263

【动作要点】

（1）持剑手、左脚后撤、收剑指要同时进行；两腿缓缓蹬直、剑指垂于体侧、持剑手回于体侧要同时到位。此式要上下相随，协调配合。

（2）收势：剑指旋走的平圆为太极图，并与之形似和神似。凤凰剑以太极图起势也以太极图收势。起势是向前上步，收势是向后撤步。收势要与起势前后呼应。

（3）定式时，要虚领顶劲、含胸拔背、松腰落胯、气沉丹田、心平气和，还原成预备势。

附录一　凤凰剑起势太极图路线图

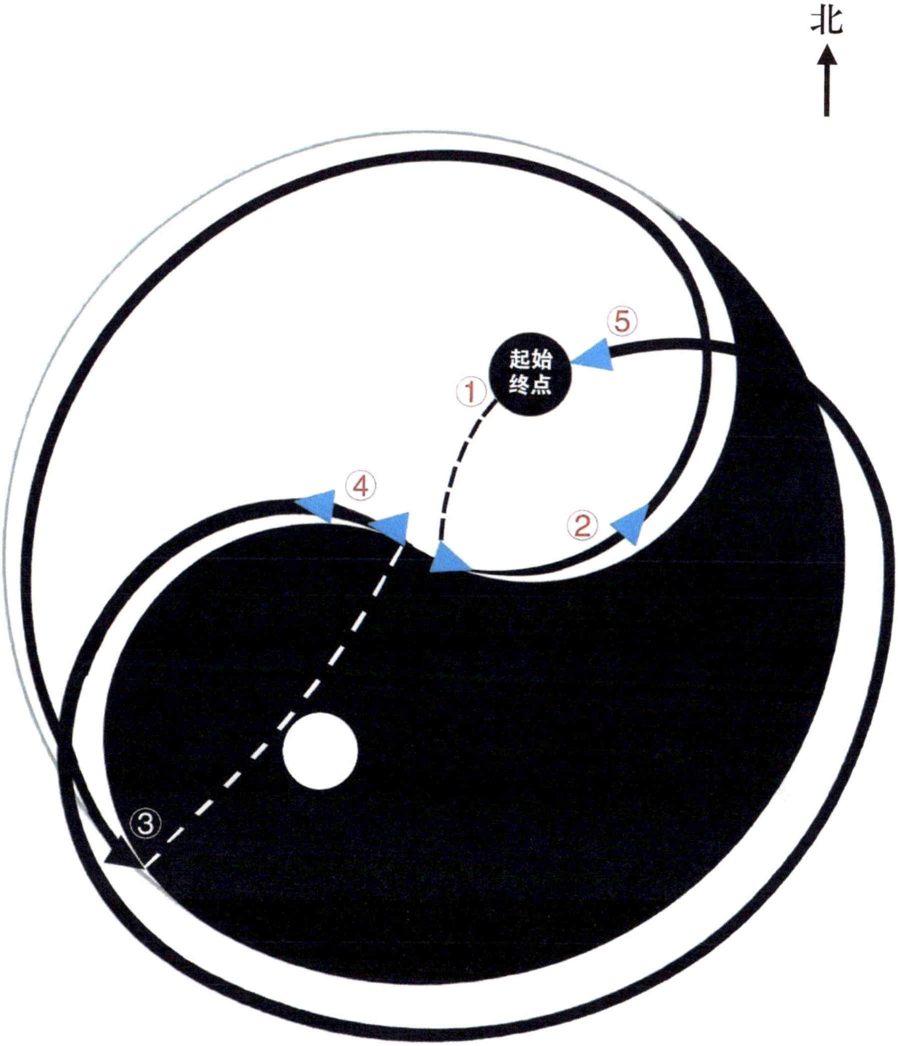

北

起始
终点

①
②
③
④
⑤

说明

1. 虚线是上提剑指和沉剑指的路线。
2. 实线为剑指绕行阴阳鱼的路线。
3. 白鱼走平弧，黑鱼走立弧。

附录二 凤凰剑动作路线示意图

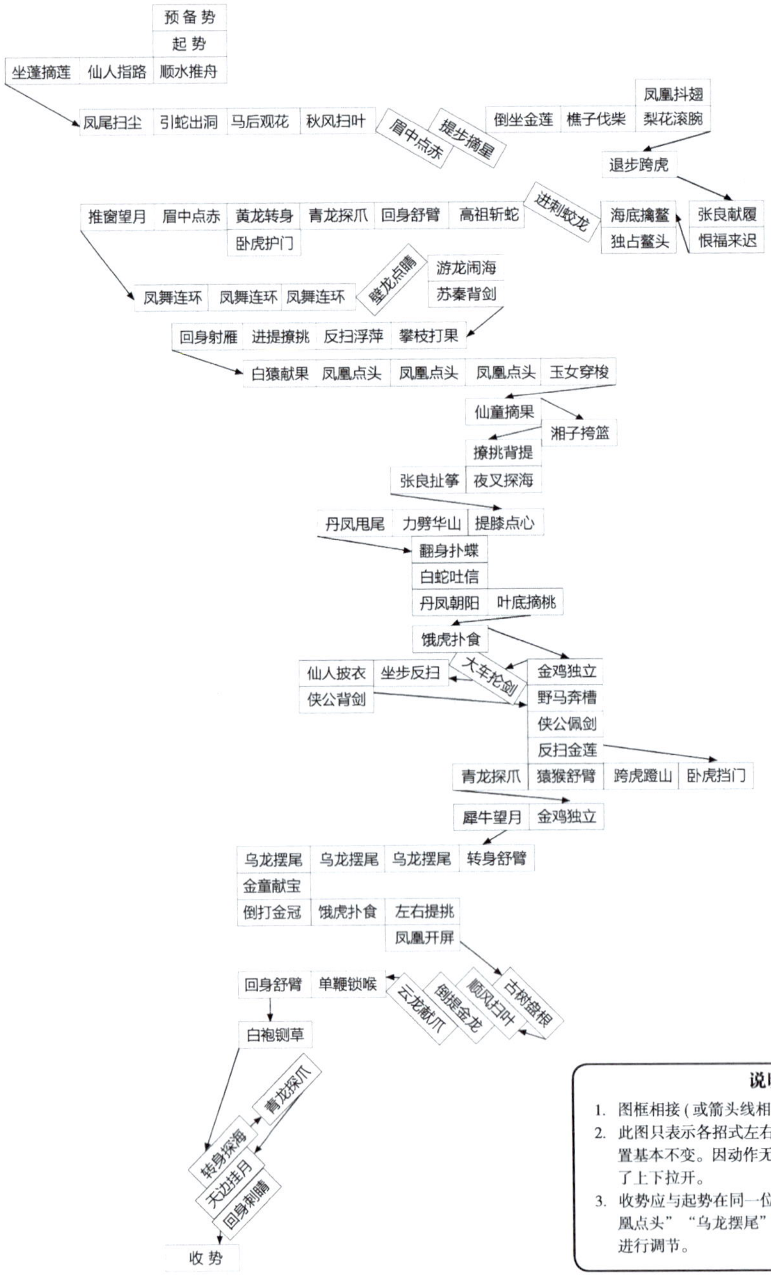

预备势
起势
坐蓬摘莲 仙人指路 顺水推舟
凤凰抖翅
凤尾扫尘 引蛇出洞 马后观花 秋风扫叶 眉中点赤 提步摘星 倒坐金莲 樵子伐柴 梨花滚腕
退步跨虎
推窗望月 眉中点赤 黄龙转身 青龙探爪 回身舒臂 高祖斩蛇 进刺蛟龙 海底擒鳌 张良献履
卧虎护门 独占鳌头 恨福来迟
游龙闹海
凤舞连环 凤舞连环 凤舞连环 壁龙点睛 苏秦背剑
回身射雁 进挞撩挑 反扫浮萍 攀枝打果
白猿献果 凤凰点头 凤凰点头 凤凰点头 玉女穿梭
仙童摘果
湘子挎篮
撩挑背提
张良扯筝 夜叉探海
丹凤甩尾 力劈华山 提膝点心
翻身扑蝶
白蛇吐信
丹凤朝阳 叶底摘桃
饿虎扑食
仙人披衣 坐步反扫 大车抡剑 金鸡独立
侠公背剑 野马奔槽
侠公佩剑
反扫金莲
青龙探爪 猿猴舒臂 跨虎蹬山 卧虎挡门
犀牛望月 金鸡独立
乌龙摆尾 乌龙摆尾 乌龙摆尾 转身舒臂
金童献宝
倒打金冠 饿虎扑食 左右提挑
凤凰开屏
回身舒臂 单鞭锁喉 云龙献爪 倒提金龙 顺风扫叶 古树盘根
白袍铡草
青龙探爪
转身探海
天边挂月
回身剃睛
收势

说明

1. 图框相接（或箭头线相接），为各招式的相接。
2. 此图只表示各招式左右位置的大致变化。前后位置基本不变。因动作无法重叠，图框排列，进行了上下拉开。
3. 收势应与起势在同一位置上，“凤舞连环”“凤凰点头”“乌龙摆尾”可做3个或5个（单数），进行调节。